おひさまのようなママでいて

大日向雅美

GENTOSHA

はじめに

随分と長いこと子育てに悩むお母さまたちの声を聴いてきました。ほしくてもなかなか子どもが授からない女性たちの悲しみにも接してきました。女子大学の教員として、これから社会に出ていく若い女性たちが結婚や子育てに対して不安を抱く姿も間近に見てきました。そのどれもが私には愛《いと》おしいものです。懸命に生きたい、大切な人を愛したいと願うがゆえの悩みであり、心の揺れに他ならないと思えるからです。

どうか悩むことに悩まないで！　そこからきっと未来が開けてくるはずです。あなたはご自分が秘めている力、魅力に気づいていないかもしれません。でもさまざまに胸を痛めている今のあなたは素敵です。わが子を思うやさしさ、そしてご自身のことも大切にしたいと願う芯の強さを持ったあなたを、私は陰からそっと応援したい……。そんな思いを込めた本書です。手にしていただけたら嬉しいです。

おひさまのようなママでいて　目次

Chapter

2 子どもはみんな違って当たり前

Chapter 3

まわりの人たちを味方にしましょう

Chapter

4 もっと自分を信じて

装幀　石間　淳
装画　桜木理加
帯写真　鈴木　徹
イラスト　蒲原　元
ＤＴＰ　美創
編集協力　ヴュー企画

Chapter

1

子育ての悩みにお答えします

私、この子を育てていけるでしょうか？

赤ちゃんの抱き方がわからない。なぜ泣いているのかわからない。しつけは、どうしたらいいの？

わからないことだらけ。立派な母親になれる自信がありません。

はじめての子育てに戸惑うのは当たり前！

母親は立派である必要はありません。
育児経験がなくても大丈夫！
今まで育ってきたあなた自身に自信を持って。

赤ちゃんを育てた経験がなくても、育てられた経験があるから大丈夫

育児雑誌のグラビア写真の赤ちゃんは、いつもニコニコして天使のよう。

それなのに、「どうしてこの子はこんなに気難しいの？」「せっかく時間をかけて作った離乳食も、一口食べて、お皿をひっくり返すなんて、あんまりだわ」「何を言っても、言葉は通じない。何を考えているのか、わからない。この先、しつけや教育なんて、できるのかしら」「不安で不安で、どうしたらいいかわからない。私、母親をやめたくなっちゃった！」。

はじめての子育ての日々に、母親たちはこんな悲鳴をよくあげます。

赤ちゃんが生まれる前に描いていた夢は無惨に消え失《う》せて、とんでもないお荷物を背負ってしまったような気分になります。

それでも、こんな気持ちは、だれにも言えません。うっかり口にしたら、「母親失格」の烙印《らくいん》を押されること、間違いなしだから。

おまけに「今の親は幼い子の世話をした経験がないから、子育て能力を身につけていない」などと言う評論家もいます。「過去の生育歴に遡《さかのぼ》って原因究明されても、何の解決にもならない！　今からやり直すなんて、できない！」、とどこかに当たり散らしたくもなることでしょう。

でも、大丈夫。赤ちゃんが聞きわけがないのは当たり前。赤ちゃんがなぜ泣いているのかわからなくても、最初のうちは、みんな、そうなのです。

赤ちゃんは別の星からきた「星の王子様・王女様」だからです。

でも、この星の王子様・王女様たち、いつまでも異星人のままではいません。いつの日かきっと人間に変身してくれますから、安心して。あなたも、二十～三十年前、星の王子様・王女様だったのではないでしょうか。

育児経験が浅いことに、コンプレックスなど持つ必要はありません。

なぜなら、育てた経験はなくとも、育てられた経験をあなたも持っているからです。

今、あなたにしてほしいこと、それは赤ちゃんや子どもだったときのアルバムを開くこと。幼いあなたをやさしく、ときには戸惑い気味に見つめていたお母さまやお父さまの姿を思い出してください。おじいさまやおばあさまにかわいがってもらったこと、仲良しのお友だち、さまざまな人との懐かしい触れ合いを思い出してみてください。

子育ては、けっして未経験で孤独な作業ではありません。

子育ての日々は、自分のきた道をもう一度たどり直しつつ、そこにさまざまな人の愛を振り返ることのできる懐かしい旅なのです。赤ちゃんの笑顔や涙にあなたの幼い日の記憶を重ねてみてください。

あなたも、昔は赤ちゃんでした。

そして、今、こうして立派に大人になっているのです。

子育てはいつ終わるのでしょうか？

ほめ方や叱り方はどうしたらいいの？　子どもの才能を伸ばすためには？　早期教育は必要？　将来、いじめにあったり、非行に走ったりしたら、どうしたらいいの？……と考えていると、息がつまりそう。

いつになったら、親の役目は終わるのでしょうか？

子育ては「一生もの」です。だから今、がんばりすぎないで！

子育てのゴールは子どもが自立したとき。

でも、親は子を一生思い続けるものです。

時を重ねれば重ねるほど、愛情も深みを増すことでしょう。

一所懸命になりすぎないで。育児をもっと楽しみましょう

「子どもがかわいいのは、小さい今だけ」とか、「小さいときの経験で人生のすべてが決まってしまう。だから、がんばらなくては」、と全身全霊を育児に注ぐ人がいます。懸命に子どもを愛そうとする親心は大切ですね。

でも、育児は小さいときが、すべてではありません。

まず、子どものかわいさは、赤ちゃんのときだけではありません。小学生には小学生ならではの愛らしさがあります。反抗期も一見扱いにくく見えても、必死に大人になろうとしている姿は愛おしいものです。就職や結婚をしても、親の心配はつきません。

かくいう私も二人の娘たちはとっくに成人していますが、それでも彼女たちを

思う情は少しも変わることなく、むしろ年々深まっているような気がします。

子育ては「一生もの」なのです。だから、「この子が小さいうちの今だけ、何とか乗り切ろう」と一所懸命になりすぎないことです。何もかも今のうちに終えておこう、とがんばりすぎないことです。そんなにがんばったら、燃えつきてしまいます。

小さい今だからこそ心がけるべきことは、それほど多くはありません。

その一つは、子どもが豊かな愛情に包まれる環境を用意してください。母親の愛情は、子どもの健やかな成長の何よりの糧《かて》です。

でも、子どもを愛する特権は、母親だけのものではありません。

父親も子どもにとって大事な親です。あなたの、そして、夫の両親は子どもにとって、ぬくもりある愛情を注いでくれる大切な祖父母です。近所の方、保育園や幼稚園の先生も、子どもの成長を見守り、支えてくださる大切な方々です。

いろいろな人の手と知恵を上手に借りましょう。子どもを見る目に広がりが生まれることでしょう。

たくさんの人の愛情に包まれて、輝く子どもの笑顔を見つめてください。**人に愛されて、人を信じる心が、子どもの中に確かに育まれていく**ことがわかります。親にとって、これ以上の喜びと安堵《あんど》はありませんね。

こうして、いろいろな人の豊かな愛情に包まれて育った子どもは、失敗や挫折《ざせつ》を繰り返しながらも、たくましく自分の人生を生きていってくれるはずです。もちろん、そのときどきに、親であるあなたの見守りは欠かせません。

いつも、いくつになっても、自分を案じ、心から応援してくれる人がいることを支えに、子どもは生き抜いてくれます。

子どもの成長と共に親の役割は変わります。そして、子どもへの思いも深まっていきます。

それを楽しみに待つ心のゆとりを、今から持っていただきたいと思います。

育児に失敗したら、どうしよう！

そう考えると、毎日が怖くて、たまりません。
頭も性格もよい子に育ってほしい。でも、それは、
母親の育て方一つにかかっているといわれます。
私が育て方を間違ったら、取り返しのつかないこと
になってしまう。子育ては、私には荷が重すぎます。

子育てに完璧を求めないで！

失敗を繰り返しながら、子どもは育っていきます。
親も同じです。肩の力を抜きましょう。
きっと、子育ての景色が違って見えるはずです。

子どもが育とうとする力を、そっと見守りましょう

子ども自身が育とうとする喜びを、親も共に喜ぶことが、子育てです。

せっかく授かったお子さんです。間違いがなく、立派に育てたいと願うのは、自然な親心かもしれません。

でも、何事もそうですが、私たち人間がすることに、間違いがなく、完璧《かんぺき》にできることは、少ないのではないでしょうか。そもそも子育ては、相手あってのことです。何が絶対的に正しいか、親が一方的に決められることではありません。

何より、子どもは、いろいろと失敗を繰り返しながら、育っていきます。「失敗＝悪」ではけっしてありません。むしろ、試行錯誤を繰り返しながら、強く、大きくなっていくのです。

失敗も成長にとって、大切な要素です。

そうした子どもの育つ力を、傍らでゆったりと見守るのが、親の役目です。

子育てに失敗は許されないとばかりに親が思いつめるとき、ともすると、「子ども不在」の子育てになりがちです。親がよいと思うことを押しつけるからです。

そして、期待したとおりの結果が出なければ、親は落胆もするでしょう。子どもは、親を悲しませてしまったという罪悪感を持つかもしれません。

親の期待に応えなければ、と親の顔色ばかりうかがう子どもになってしまう危険性もあります。

思いつめた顔で完璧を求める親と、その親の気迫に押しつぶされそうになっている子ども、どちらもけっして幸せとはいえませんね。

もっと肩の力を抜きましょう。子どもの育つ力を信じましょう。

親は完璧でなくてもいいのです。どんな親も、完璧ではあり得ません。

自分は完璧な親ではないことを自覚し、自分の至らなさを率直に認める謙虚さを持ちましょう。

すると、子どもの失敗も、おおらかに受け止めることのできるゆとりが生まれます。「やっぱり、私の子だわ」と笑って、受け流すこともできるでしょう。もし、自分にできないことを子どもができたら、「すごい」と心からの感動で、ほめることができるはずです。

こうしたゆとりが、子育てには何よりも大切なことだと思います。

いえ、子育てに限らず、人間関係の基本も、そこにあるのではないでしょうか。謙虚で、ゆったりとした親の眼差《まなざ》しに包まれる……。子どもにとって、これ以上の幸せはありません。

赤ちゃんが泣いたとき、どうしたらいいですか?

赤ちゃんの泣き声を聞くと、切なくて……。

私はすぐに抱きたいのですが、実家の母や姑《しゅうとめ》は、「抱き癖がつくからダメ」と言います。

赤ちゃんを抱く楽しさを味わえるのは、今しかありません。

赤ちゃんを抱いてあげましょう。

抱っこは「あなたはちゃんと守られているのよ。安心してね」と赤ちゃんに伝えるメッセージなのですから。

抱っこは、赤ちゃんの幸せを願うママからのメッセージ

「赤ちゃんが泣いたら、そのたびに抱いてもいいのでしょうか？」

最近、お母さんたちからこんな質問をよく受けます。

私はお答えする前に「あなたはどうしたいのですか？」と伺います。

すると、きまって「私は抱きたいんです。でもいつもそうしていると、抱き癖がつくと困ると思って……」という答えが返ってくるのです。

いったい「抱き癖」って何でしょうか？　なぜ「抱き癖」がつくことを、そんなに不安に思うのでしょうか？

私たち大人も、互いに抱いたり、抱かれたりします。悲しいとき、そっと肩や背を抱いてもらうと、どんなに慰められることでしょう。

嬉しいとき、互いに抱き合うと、喜びは何倍にもなります。

人が人の肌を恋しがるのは、年齢を超えて、人間に共通の欲求です。まして生まれてまだ日が浅い赤ちゃんにとって、あたたかな肌がどんなにか恋しいことでしょう。抱かれて、うっとりしている赤ちゃん。「ママはここにいるわよ。いつだって、何があっても、守ってあげますよ」というメッセージがちゃんと届いているのです。

赤ちゃんが泣くのは、不快を訴えたり、何かを求めているのです。まわりの人にすぐ応えてもらえたら、「人はなんてやさしいのだろう。信じていいんだ」と思います。そして、**自分は愛されていると自信を育んでいくのです。**

赤ちゃんにとって抱かれることは、「生まれてきてよかった。これから楽しいことがいっぱい待っているんだ」と感じることなのです。

あなたも赤ちゃんの泣き声を聞いて、抱いてやりたい気持ちになるのでしたら、そのまま、自然に振る舞いましょう。

なぜ、抱きたい気持ちをぐっと抑えるのですか？

どこか、無理をしていませんか？

「甘やかすことはよくない」「子どもは自立させなければいけない」という言葉が目の前をちらついているのかもしれませんね。

一方、抱くことが赤ちゃんの安心感や信頼感を育むと知って、何が何でも抱いてやらなければと思いつめるとしたら、それもどこか変です。

抱いてほしいと泣く赤ちゃんを前にして、抱く理由や抱かない理由をあれこれ詮索《せんさく》する必要はありません。思わず体が動いて、抱きしめている、そんな自然な心や体の動きが、子育てには大事なのです。子育てを楽しみ、子どもの愛らしさを感じるスイッチは、いつも手の届くところに置きましょう。

赤ちゃんを抱く楽しさを味わえるのは、今です。

二人の娘たちが大きくなったとき、私は猫を抱きながら、赤ちゃんのとき、もっともっと抱いていたかった……。そんな思いにかられたものでした。

叱り方がわからない！
上手な叱り方を教えて!!

冷静に叱らなくてはと頭ではわかっていても、つい感情的になってしまう。子どもの心に取り返しのつかない傷をつけてしまったと、毎回、後悔しきりです。

「感情的に叱る」ことと、「感情を込めて叱る」ことは、違います。

子どものためを思えばこそ、許せないという感情が込められるのは自然です。親の熱い思いは、子どもにもしっかり伝わりますから安心して。ただし、「感情的」になりすぎないよう、気をつけましょう。

親がきちんと叱ってこそ、子どもに伝わります

どんなにかわいいわが子でも、叱らなくてはならないときがあります。親として、「許せない！」と思うことを子どもがしたときには、率直に、そして、感情を込めて叱ってください。

言葉の発達がまだ十分でなく、コミュニケーションがうまくとれない子どもは、親が何を怒っているのか、理解できないことでしょう。でも、ものすごく怒っていることは、わかります。そして、自分が今したことは、ママやパパを怒らせたんだ、だからやってはいけないことだったんだ、とわかるのです。

最近の若い世代は、人前で感情を出すことを恥ずかしく思う傾向があります。たとえば公共の場で子どもがどんなに騒いだり、人に迷惑をかけても、ニコニコ

しながら見ているだけの人が少なくありません。やさしげな声で、「ほら、あのおばちゃんがにらんでるでしょ」などと人のせいにして済まそうとする母親もいます。これは絶対にダメです。

もちろん、あまりヒステリックにどなったりすることも、望ましくありません。でも、親が怒りや悲しみの感情を正直に表現してはじめて、子どもは親の気持ちに気づき、ことの善悪を学んでいくのです。

叱らないのはやさしいのではなく、親としての責任を放棄していること。そして、子どものことを「あきらめている」のだともいえます。わが子を叱るのは「この子には、こういう人になってほしい。そのためにはこれを守らせたい」という熱い思いがある証拠です。それがあるかどうか、まず確認しましょう。確認できたら、無理に感情を抑え込もうとする必要はない、と私は思います。

ただし叱っているうちに、感情が高ぶって、つい叩いてしまったり、言ってはいけないことを口にしてしまうこともあるかもしれません。

それが「感情的」になっているということです。怒りをエスカレートさせてしまっていますね。それでは、子どものために叱っていることにはなりません。「これって虐待?」「子どもに取り返しのつかないトラウマを植えつけてしまったかも」、と後悔したり、おびえたりすることでしょう。

叱りすぎていると気がつくことが大切です。あなたがいら立つにはわけがあるはず。「いつまでも遊び食べして片付かない」「朝、目がまわるほど忙しいのに、子どもがグズる」「夕食の支度で忙しいときに限って、まとわりついてくる」……。理由はそれぞれですが、共通しているのは、あなたに余裕がないことですね。疲れすぎていませんか? 一日のスケジュールに無理はありませんか?

「感情的」になりすぎていると気がついたら、それは、自己点検が必要という黄色信号に気づいたということです。よかったです。

イライラの原因をつきとめて、対策を練りましょう。子どものために叱っているなどと正当化しないことが、一番大切です。

ほめるコツを教えて！

ほめて育てるのが子どもを伸ばすコツ、とよく聞きますが、どのようにほめたらよいのでしょう？

私自身、親にほめられた記憶がなくて、ほめるコツがわかりません。

子どもをほめるのに、コツなどありません！

子どもの存在を、あるがままに認めてください。

懸命に生きようとしている子どもの姿に心からの感動と共感を覚えること、それが上手にほめるスタートであり、ゴールなのです。

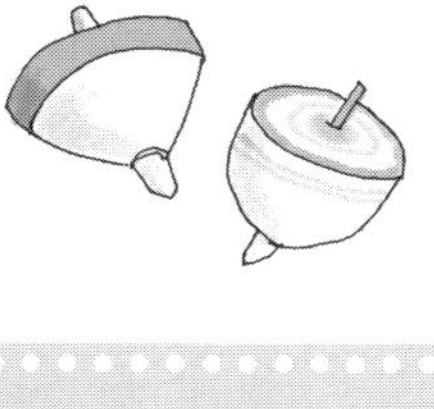

口先だけでほめても、子どもは見抜いてしまいます

叱り方は難しいという声はよく聞きますが、ほめ方を難しいと考える親はさほどいないようです。むしろ、「どうほめたら、子どもを伸ばすことができますか?」という各論に入ったハウツー的な質問を多く受けます。

しかし、ほめることは、実は叱るよりも難しいときがあります。子どもの声を聞いてみると、ほめる難しさがわかります。

ある調査で、「親にほめられて、嬉しかったことはどんなこと?」との質問に、「ほめられた記憶がない」という答えがとても多かったのです。

親はほめているつもりだと思うのですが、子どもの心には届いていないのです。

なぜでしょう?

まず、口先だけでほめてはいないでしょうか。さほど、親は感心していないのに、無理に「えらい」とか「すごい」と言ってはいないでしょうか？　ほめれば子どもがやる気になるから、などと計算ずくでほめてはいないでしょうか？　こうした**親の気持ちの奥を子どもはするどく見抜くのです。**

「いい子だから、○○をして」などと交換条件を出したほめ方も、子どもにしてみれば、けっしてほめてもらったことにはなりません。親の言うことを聞かなければ、よい子と思ってもらえないんだ、と追いつめられた気持ちになることもあります。

それではどうしたら、いいのでしょう。

素直に感動できたとき、その思いを正直に口に出して伝えることです。

私がこうお話しすると、「では、どうしたら感動できますか？」と聞かれます。それには自分自身を見つめ直すことです。親のあなたができないこと、苦手なことがあるでしょう。それをできるだけたくさん探してください。そうすれば、逆に子どもの素晴らしさが見えてきます。自慢にはなりませんが、自身を振り返って欠点ばかりの私は、娘たちをほめることに苦労はしませんでした。

また、子どもを家族の一員として認めることも大切です。

ペルーの奥地で暮らす先住民の子育ての中に、参考となる事例があります。

この人々は、あえて子どもをほめることはしないのです。子どもは小さいときから大人と一緒に山の奥に入って、食用の樹の根をとるような生活をしています。どんなに小さい子でも親のお手伝いをするのが当たり前。親も「えらい」とか「すごい」とは言いません。代わりに「助かったよ」と声をかけています。

親から家族の一員として認められ、評価されることが、子どもにとってはとても嬉しい言葉かけなのです。

女の子が苦手です。上の子がかわいく思えません。

どの子も平等に愛さなくてはいけませんか？
自分の子なのに、相性が悪いような気がして、
下の男の子ばかりかわいがってしまいます。

つらいですね。でも、子どものほうがもっとつらいのでは？

実の親子でも、残念ながら相性の良し悪しはあります。
でも、懸命に愛されたいと願っている子どもの瞳の奥にある
悲しみに、どうか気づいてください。そして、あなたに何が
できるか、考えて。

あなた一人が何もかもを背負い込まなくてもいいのです

「女の子の顔を見ると、イライラしてしまう」「女の子がほしかったのに、わが家は男の子ばかり。女の子を連れて歩いている人を見ると、たまらなくうらやましくて。息子たちがうっとうしくて、たまりません」……。子どもの性別や出生順位、性格などを理由として、わが子を愛せないと訴える母親の声にときおり出会います。

お腹《なか》を痛めたわが子であれば無条件に愛せるはずと、世の中の人は信じていますが、子育ての実態から見えてくる光景は、必ずしもそうした一面的なものではありません。

せっかく生まれてきてくれた子どもたちなのです。精一杯の愛情を注いで育ててほしいと、願わざるを得ません。

母親も心の底では、子どもを愛したいと願っていることでしょう。でも、それがかなわないから、苦しむのですね。

大切なことは、わが子を愛する感情は、母親になれば自動的に芽生えてくるとは限らない、と知ることです。

その事実にしっかりと向き合ってほしいと思います。

母親はもちろんですが、父親も周囲の人も、事実から目をそむけてはならないのです。そのうえで、どうしたら、子どもが幸せになれるのか、皆で知恵を集めて、懸命に考えてみましょう。

育児の負担が、母親一人にかかりすぎてはいないでしょうか？

だれにも苦手なものはあります。それでも心広く受け入れるためには、受け入れる側に心身のゆとりが必要です。日々の子育てから少しの間離れて、自分自身を冷静に見つめることで、心のゆとりを取り戻せることも少なくありません。夫や周囲の協力を実感できたとき、自分一人を責め続けなくても済む安堵感から、子どもにやさしくなれることもあります。

それでもなお、その子を受け入れることができないかもしれません。

そのときは無理をしないで。ときどき、その子のお世話を他の人に任せてみても、よいでしょう。夫は楽しげに関わっている。やさしく受け入れてくれる祖父母には、素直に、のびやかな笑顔を向けている……。そんなことがあれば、よかったと思ってください。けっして、母親のあなたが疎《うと》んじられているわけでも、負けたわけでも、ありません。むしろ、子どもを心からやさしく受け入れてくれる人を見つけて、託したのです。これもまた、親としての愛し方の一つなのです。

何もかも、母親のあなたが背負い込まなくてもいい。忘れてならないことは、ただ一つ。愛されたいと願っている子どものために、環境を整えることです。

男の子と女の子で、育て方を変えるべきでしょうか？

息子にはたくましく育ってほしいと思うのに、泣き虫で……。
娘は、おてんばで、元気なのはいいのですが、気が強くて……。
将来が不安です！

あえて性別で育て方を変える必要はありません。

人生をたくましく生き抜く力は、女の子にも必要です。
心のやさしさは、男の子にも、必要です。
人として生きる力、皆に愛され、人を愛する力に性差はありません。

「男の子だから」「女の子だから」と決めつけないで、「その子らしさ」を大切に

今の時代、男女差別に賛成という人は、ほとんどいないことでしょう。

でも、男性と女性は生物学的に違いがあるのだから、生き方にも違いがあって当然と考える人は少なくありません。そのため、子育ても、男の子と女の子には、違うしつけが必要という考え方につながっていきます。

たしかに、男女に生物学的な差はありますので、日常生活のすべてを同じにできるかというと、それは現実的ではないでしょう。

しかし、男女の生物学的な違いが、生き方を変えなくてはならないほど絶対的なものなのでしょうか。

近年、これまで男性だけしか働けなかった職場に、女性も随分と進出していま

すし、その逆も見られます。

今や女性にしかできないことは、妊娠・分娩と哺乳くらいでしょうか。それ以外の子育ては男性にもできるはずですし、最近は「イクメン」という言葉も定着していて、育児に励む男性も増えています。

これからの時代は、家庭も社会も男女共同参画で営む方向に向かっていくことでしょう。その未来の社会を生きる子どもたちのしつけを考える視点として大切なことは、性差にとらわれることではなく、人としてどう生きるかではないでしょうか?

他の人と上手に関わりながら、違いを認めつつも共生していける力、それが人として自立した姿です。そのためには、相手をいたわるやさしさは男の子にも必要です。男の子はたくましくあるべきだと決めつけて、もしも乱暴な言葉遣いや無作法を許すとしたら、将来、人から愛される人に育つでしょうか?

また、行動力と決断力は女の子にも必要です。女の子だから、愛らしく、素直であればいいと決めつけて、自分で行動できる判断力や向上心を育まないとしたら、他者に依存して生きていくだけの人になってしまうのではないでしょうか？　性別にとらわれないしつけとは、男女の違いを全く無視することではありません。

特に思春期には、自身の体に関心を向けて、性に正確な知識を持ち、一方で、異性の性を尊重することも、大切なしつけとして、忘れてはなりません。

でも、幼少期から「男の子だから」「女の子だから」と型にはめて決めつけることで、その子らしさを奪うことは、親として慎むべきです。

性別にとらわれずに、目の前のお子さんをしっかりと見つめ、**その子の個性に応じた育て方**に、心をつくしていただきたいと思います。

一人っ子は、かわいそうですか？

二人目はまだ？　一人っ子はわがままになる！
きょうだいがいないと、将来、かわいそう！
周囲にいろいろ言われ、とても、つらいです。

子どもは人数ではありません。

周囲の言動に惑わされない強さを。
そして今、あるものに感謝を。
子育ても、人生も、すべてが、ここにつきます。

一人っ子には、一人っ子のよさがあります

たしかに一人っ子だと、いろいろなことが言われます。

「一人っ子は過保護に育てられるから、わがままだ」「一人っ子は、社会性がない」……。はたしてそうでしょうか？

今は昔と違って、どの家庭も、子どもはせいぜい二人。手のかけ方は、一人っ子とさほど違いません。過保護な親は、一人でも二人でも、過保護に育てがちです。一人っ子の親だけが、過保護になるとは限りません。

また、一人っ子だからこそ、いろいろな人と触れ合う機会を作ろうとして、習い事や合宿など季節ごとの集団生活に送りだす親もいます。かえって社会性が発達していることも少なくありません。

きょうだいがいない分、親や親類など、大人との関係が密になって、コミュニケーション能力や社交術に長《た》ける場合もあります。

一人っ子だから親の愛情をたっぷり受けて育ち、おおらかで、気持ちにゆとりのあるやさしい子になる可能性もあります。

これらは、一例にすぎませんが、一人っ子であれば、一人っ子のよさを最大限活かす子育てを工夫することが、大切なのではないでしょうか。

一人っ子をめぐって、周囲がとやかく言うのは、余計なお世話というものです。人の生き方は人それぞれですし、家族のあり方や子育てのあり方も、いろいろです。子どもは一人と決めている家庭もあるでしょう。望んでいても、どうしても二人目を授からない、二人目不妊で悩んでいる親もいます。

人それぞれの事情を互いに慮《おもんぱか》って、踏み込みすぎないことが、大人のマナーです。

とはいえ、これまた、人はさまざまです。根拠のないことをかざして、介入してくる人がいるのも、また人間社会なのかもしれません。それにいちいち振り回され、頭を抱えるのは、無駄なことではないでしょうか？

「二人目はまだ？　一人っ子はかわいそう」などと言う人は、だからといって、あなたに何をしてくれるのでしょうか？　その場の雰囲気で言っているにすぎず、根拠の乏しい無責任な言葉が大半です。

日々の暮らしを営んでいると、周囲からの心ない言葉に出会うことがよくあります。

そういうときは笑って受け流すしなやかさを磨くことが、大切ですね。

その大切さに気づくことができるのもまた、一人っ子の親となって与えられるチャンスだと思えるような余裕を、持っていただければと思います。

子どもの才能を伸ばすには、親は何をすべきでしょうか？

ママ友が集まると、お稽古《けいこ》や塾の話で盛り上がります。
〇歳までにはじめないと手遅れになる、など。
子どものために何をしたらよいか、あせりが募ります。

子どもは自ら伸びようとします。

自分の好きなことが見つかったら、子どもは自分から精一杯取り組みます。好きなことを見つけてあげることも大切ですが、先回りして与えすぎないことも大切です。

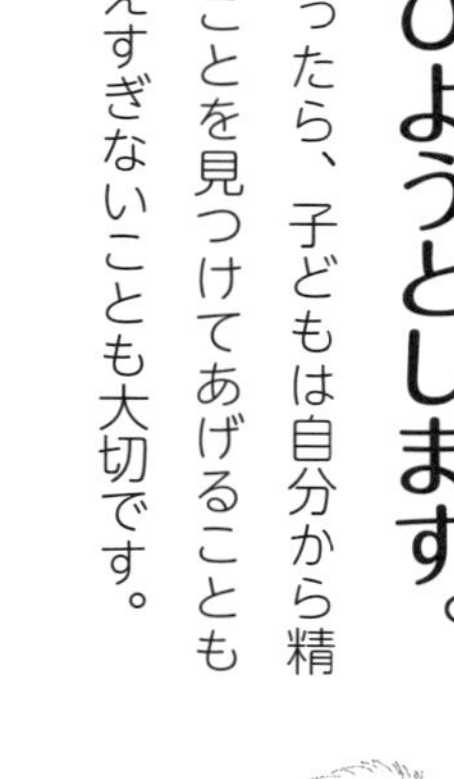

楽しそうにやっていることに才能が隠されています

棋士・羽生善治《はぶよしはる》さんは小さいときから将棋に夢中な子どもだったそうです。将棋ばかりさせないで他のことをさせたほうがよいのではないか、と心配する周囲の声に、羽生さんのお母さまは「こんなに楽しそうに打ち込んでいるのに、どうして取り上げる必要があるのですか」と言われたとか。

今日の羽生さんのご活躍の裏に素敵なお母さまの存在があったことを考えさせられるエピソードです。

もっとも、すべての子が羽生少年のようにはいかないでしょう。何に向いているのか、何が好きなのかわからないことのほうが多いかもしれません。

そのときはまず親のあなたが何を学ばせたいのかを考えましょう。

みんながやっているからではなく、あなたが子どもに何を伝えたいのか、どんな人になってほしいのか、よく考えてみてください。

あなたが好きなことを習わせるのもよいでしょう。

わが家では二人の娘たちに三歳からヴァイオリンを、四、五歳からピアノを習わせました。夫も私もクラシックが大好きだったからです。毎週、一緒にヴァイオリンのお稽古に行ったり、ピアノの先生がレッスンにいらしてくださる日は、夫も早く帰宅して一家団欒《だんらん》の輪が広がったことも楽しい思い出です。娘たちには音楽の道に進むような才能はなかったようですが、音楽を楽しむ素地は身につけてくれたようです。二人とも海外で暮らし、働いている今、音楽を愛し、ときには演奏を楽しむことが、海外の方々との交流にも役立っているようです。

スタートに遅すぎることはありません。〇歳までにはじめなかったら「手遅れ」と心配する必要はありません。「育つ力」は生ある限り、一生続きます。

私の知人は七十二歳でＴＯＥＩＣで八〇〇点近い高得点を獲得しました。定年後に夫婦で海外旅行をしたいと、六十代からの挑戦でした。

また私の娘の話で恐縮ですが、次女は中学一年のときに私の留学に合わせて一年イギリスで暮らしました。最初は自分の名前と日本からきたことをやっと英語で言える程度でしたが、帰国時には見違えるほどの進歩でした。入学した現地校がとても楽しくて、大好きなお友だちとたくさん話したいという思いが、娘の英語力向上につながったようです。

小学校に行く前から英語の塾に通わせる家庭も多い昨今です。背景にはグローバル社会を生きる力として英語を身につける必要性が高まっていることがあるでしょう。英語が話せることは大切ですが、同時に、英語でだれかと関わりたい、自分の思いを伝えたいという力を育むことも、とても大切。それこそ親が、家庭が、心がけたいことではないかと思います。

つい他の子と比べてしまいます。

よその子ができていることが、なぜうちの子はできないの？　上の子に比べて、下の子は歩くのも言葉も遅い！

そんなことばかり、気になってしまうのです。

子育ては梅花を愛《め》でる心で。

子どもの咲きどきは、一人ひとり異なります。そして、自分で自分の咲きどきを見つけます。

一輪、一輪、寒さの中でほころんでいく梅を見守るように、自分らしい咲きどきを見つける子どもの力を信じ、楽しみましょう。

子どもは、いっせいに咲く桜ではありません。それぞれに咲く時期があります

「這《は》えば立て、立てば歩めの親心」と昔からいわれているように、わが子の成長を急《せ》くのは親心の常のようです。また愛すればこそ、期待もするのでしょう。

ただ、乳幼児期はそもそも発達のスピードやリズムに個人差がとても大きい時期です。同じ月齢だからといって、すべての赤ちゃんが同じことができるとは限りません。育児書に書かれている基準も、あくまでも目安として平均的な発達を示しているにすぎないのです。

他の子の発達を観察したり、育児書を読むと、自分の子の個性が発見できたり、ときには異常に早く気づくことができるなどのメリットもありますが、それも参考程度として見ることが大切です。基準値を気にしすぎると、いつしかその子ら

しさをゆったりと楽しむゆとりを失う危険性も少なくありません。

子どもの育つ力を信じて、そして、待ちましょう！

そう言われても、いざ親になると心穏やかではいられないことも多いでしょう。「人それぞれ」とか「子どもの個性を大切に」という言葉は頭では理解していても、わが子のことになるとむなしく響くばかりかもしれません。とかく誕生月が同じであったり、同じ地域に住んでいたり、同じ親から生まれたりというように、条件が同じであったり近かったりすればするほど気になるのも、親の気持ちとして致し方ないことなのかもしれません。

そんなときには、是非とも梅の花のことを思い出してください。「梅一輪 一輪ほどのあたたかさ」というように、寒中にあって、梅は一輪、また一輪とほころんでいきます。

同じ幹にあっても咲きどきを異にする梅の魅力を、与謝蕪村《よさぶそん》は「二もとの 梅に遅速を愛すかな」とうたっています。一つの幹から伸びた枝には、早く花開くつぼみもあれば、ゆっくりとほころぶつぼみもあります。**人の開花時期もいろいろ**だということを教えられるようで、他の子と比べて子どもの発達の遅速にくよくよしている心が慰められることでしょう。

私たち日本人は桜の花の美しさに魅惑されます。ぱっと咲いて、ぱっと散る桜は、華やかでいて、しかも潔く、人生かくありたしということでしょうか。

私も桜は大好きです。でも子育てに関していえば、梅に軍配を上げたくなります。いっせいに咲いて、いっせいに散る桜を見るたびに、「みんなと同じに」と期待し、「早く早く」と急かしがちな心を反省させられます。

一方、寒さに耐えて、自分の咲きどきをじっくり見つけて咲く梅にわが子を重ねてみれば、子どもの育つ力の素晴らしさに、心あたたまることでしょう。

梅の花に春の訪れの喜びを教えられるように、大変な子育ての日々に、きっと明るい陽光がさすと思います。

赤ちゃんはみんな、別の星からきた「王子様・王女様」です。

最初のうちは、赤ちゃんの気持ちがわからないのは当たり前。でも、赤ちゃんはいつまでも異星人のままではありません。いつの日か人間に変身してくれます。その日を楽しみに、あせらずに過ごしましょう。

Chapter

2

子どもはみんな違って当たり前

食べてくれません。食事の時間が私の魔の時間です。

間もなく三歳になる息子ですが、落ち着いて食事ができません。すぐに遊び食べをはじめて、叱ると「もう食べない」の繰り返し。せっかく手をかけて作った料理を粗末にされて、毎日、キレそうです。

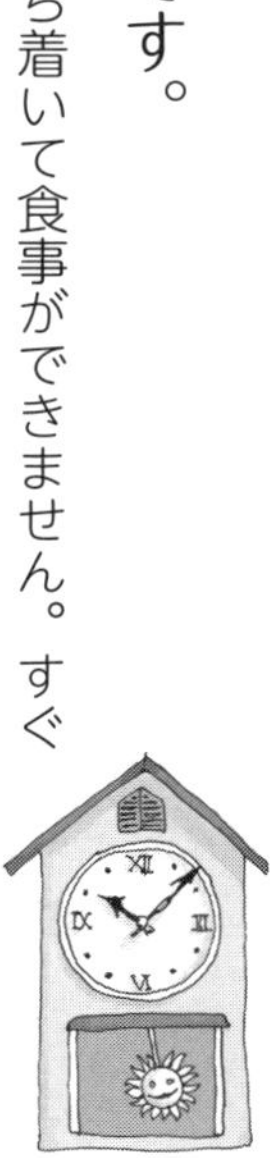

食べさせることよりも、楽しく食べる雰囲気作りを。

あなたにとって魔の時間は、お子さんにとっても同じ思いではないでしょうか。

あなたの笑顔が食卓の最高のごちそうです。笑顔で食卓についているか、まず、チェックしてみてください。

赤ちゃんに、食べることは楽しくて幸せなことだとわからせてあげましょう

たしかに、食べることは、成長の源です。大切にしたいところです。

でも、「食が細くて、食べてくれない」「すぐに遊び食べをはじめてしまう」「時間をかけて作っても、食べ残されたり、テーブルにばらまかれたり……」。子どもの食事の世話に疲れ果てているという声は、育児の悩み相談のトップスリーに入ると言っても過言ではありません。

育児に一所懸命なあなたであればなおのこと、日々の悩みがどんなに大きいかが想像されます。

食事を通して育みたい大切な心があります。

まず、食べることは「楽しい」ことです。

おいしいものを楽しくいただくときは、幸せな時間です。それを子どもに味わわせてあげたいですね。

親が一所懸命になればなるほど、子どもは思うように動いてくれないものです。ここはそもそも「食事とは何なのか？」という原点に立ち返って考えてみましょう。

また、食べることとは、他の生きものの命をいただくことです。肉でも魚でも野菜でも、それぞれに与えられている命を私たち人間がいただいているという「感謝」の心を育みたいと思います。

さらには、世界中に、いいえ、この同じ日本にも、食べたくても食べられない人たちがいることを思う心を、忘れてはならないと思います。

食事の時間は、栄養を摂取するだけでなく、こうした大切なことを思い、考える力をわが子の中に育む大切な時間です。

また、**楽しい会話こそ、食事の最大のごちそうです。**食卓では単に食べさせること以上に伝えたい大切なことがあると思い出させてもらったのは、娘たちが小さい頃、実家に帰ったときのことです。

いつも以上に食が進んでいる娘たちの様子にふと気づいてみると、父も母も実に楽しそうに食卓に並んでいるごちそうのことを話題にしていたのです。どこでとれたものなのか、孫たちの口に合うように料理にどんな工夫をしたのか、同じものを私が小さいときはどんなふうに喜んで食べたのか、などなど。

娘たちはそんな祖父母の話に目を輝かせながら、きちんと背筋を伸ばして、おいしそうに食べていました。

もちろん、いつもの何倍もの時間をかけての食事でしたので、毎日こんなことはしていられないとも思いました。でも、それからは忙しい日々の中でも、食事を大切にする気持ちを精一杯大事にしようと、夫と共に心がけるようにしました。娘たちは食べることが大好きで、そして、もったいないという気持ちも大切にする人に育ってくれたように思います。

二歳の子。毎日、イヤイヤばかり。
最近、事あるごとに反抗ばかり。ついこの前までは、あんなにかわいい赤ちゃんだったのに。どうしてこんなにわがままになってしまったのでしょうか？
「イヤイヤ」を連発するわが子に困り果てています。

「イヤイヤ」はようやく「自分」がわかってきた証拠です！

けっして親に反抗しているのではありません。「自分でやってみたい！　僕・私はこうしたいの」という気持ちの芽生えです。

今こそ大人のあなたのゆとりを見せるときです。

自分でやりたいのにできないから、子どもは大泣きするしかないのです

二歳児はとても扱いが難しい時期です。

よく「第一反抗期」という呼び方をします。海外では「テリブル・ツー（手に負えない厄介《やっかい》な二歳児）」という言葉もあります。

でも、私はこの時期の子どもを「反抗期」と呼ぶことには賛成ではありません。

なぜなら、この子たちはけっして**親に歯向かうつもりで「イヤイヤ」と言っているわけではない**からです。ただ、「自分でやってみたい」「それは今はしたくないの。待って！」と言いたいだけなのです。

たとえば、ちょうどおもちゃで楽しく遊んでいるときに限って、ママは「さあ、お風呂よ」「歯磨きよ」「お出かけしますよ」と迫ってくる。

「ちょっと待って、もう少し早く予告してよ」と言いたいけれど、それが言えないから、「イヤイヤ」になるのです。

お子さんの **「自分でやってみたい！」という気持ちを尊重してあげてください。**

また、できもしないことをやろうとして、余計に手間がかかってイライラするということもありますね。たとえば、靴を自分で履くとがんばる。でも、結局は自分で履けなくて、玄関にひっくりかえって大泣きします。急いでお出かけしようとするときに限って、こういう光景が繰り広げられて、やりきれませんね。

そんなとき、あなたはどうしていますか？

「自分で履くって言ったのだから、履いてごらんなさい」などと腕組みをして、上からにらみつけたりしてはいませんか？

自分ではできないからこそ、二歳児はいら立って、大泣きするのです。

ここは、あなたが徹底的に大人になるべきです。懸命に靴を履こうとして悪戦苦闘しているわが子の後ろに回って、そっと気づかれないように、靴の中に足が滑り込むように手伝ってあげたらいいのです。

そして、「わぁ、すごい！　履けたのね」と大絶賛してあげましょう。

対等にケンカはしないで！

わが子との年齢の差を思いましょう。「敵」はまだこの世に、たった二年しか生きていないのです。日々のことでいら立つ気持ちはよくわかります。でも二歳児と対等にやり合っても、あとがむなしいだけではないでしょうか。

ご自分がこれまで積み重ねていらした年月に誇りを持って、ゆったりと、お子さんの「イヤイヤ」につきあってください。

もちろん、そんな気持ちのゆとりを持つためにも、あなたがあなたらしくいられる時間を、一日、わずかでも持つ工夫も忘れないでくださいね。

おもちゃの取り合いで、泣いたり泣かされたり。

子どもどうし遊ばせたくても、おもちゃの取り合いでケンカばかり。見守るべきか、口を出すべきか。他のママの目を気にして、自分の子どもばかり叱ってしまったり。どうすべきなのか。公園に行くのが苦痛です。

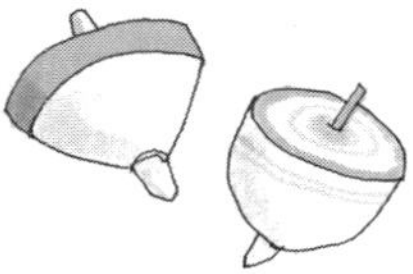

子どもにとってはとても自然なこと。むしろ、親の問題です。

ものの取り合いやケンカをしながら子どもは人間関係のルールやマナーを学んでいきます。

このチャンスを活かせるか否か、親の「大人力」が問われています。

自分の子にだけ「やめなさい！」はおかしいです

ほしいおもちゃが目の前にあったら、手をのばす。取られた子は悔しくて取った子を叩いたり、突き倒したり、それができなくて泣きだしたり……。

二、三歳の小さい子どもだったら、とても自然な行動です。

「面白そう！　僕・私も使ってみたい!!」という好奇心が芽生えた証拠。その一方で、これは自分のものなんだという所有欲も育ったのです。

まずは、順調に育ってくれていると喜びましょう。

だからといって、相手の都合も許しも得ずに、人のものを取るのはいけないことです。また、嫌なことをされたからといって、暴力を振るうのも、もちろんいけないことです。

そうしたマナーやルールを徐々に覚えていくチャンスですし、それを伝えていくのが大人の責任です。

自分の子どもだけを叱って済ますとしたら、子どもにも割り切れない気持ちが残るだけではありません。人間関係の基本を学ぶチャンスをわが子からも、まわりの子からも奪ってしまうことになります。

人間関係の基本を知らない人と、この先、わが子がつきあっていくということも考えてみましょう。自分の子も、人の子も、みんな大事な私たちの子だと考えてみてほしいと思います。

子どもの問題は、実は大人の問題です。他の親の思惑を気にして、わが子だけを叱って、相手の子に何の注意もしないとしたら、それは子どもどうしのケンカに、大人の勝手な都合やメンツを持ち込むことに他なりません。

おもちゃの取り合いでケンカをするのはお互いさま、という合意をとれるとよいですね。気がついたことは、互いに注意し合いましょう。

「うちの子が何かしたときも、遠慮なく言ってくださいね」と互いに声をかけ合える関係を築きたいものです。

もっとも、そんなことを言えたら苦労はない、という声も聞こえてきます。

たしかにいろいろな人がいますね。どんなに心をつくして話し合おうとしても、取り合ってくれないばかりか、問題を大きくする人も、残念ながらいます。

そんなときは**無理をして公園に行かなくてもいい**、と思いましょう。

必要な努力はする。でも、無理はしない。これが子育てでも人間関係でも、共通の鉄則かと思います。

子どもに友だちができなくなるとご心配の方もいることでしょう。

でも、友だちはやがて子どもが自分で試行錯誤をしながら作っていくものです。

あなたもそうではなかったですか？

なかなかおっぱいをやめられません。

もうすぐ二歳になる息子が、なかなかおっぱいをやめられません。

特に夜眠るときはおっぱいをほしがるので、私も与えたいのですが、義母や実家の母からは、まだおっぱいを飲ませているのか、といつも叱られています。

卒乳の時期や方法に、たった一つの正解はありません。

お子さんの様子を見ながら、そして、あなた自身の気持ちも大切にしながら、いろいろ試しているうちに、きっと答えが見つかるはずです。

おっぱいのやめ方は、ママが納得できる方法でOK

母乳は、子どもの健康にとっても、母子間の愛着を育むうえでもメリットが多いといわれています。けれどもその一方で、おっぱいの〝やめどき〟や〝その方法〟はなかなか難しいものです。

おっぱいをあげ続けていいのか、それともやめさせなくてはいけないのか。結論から言いますと、この問題はどの子にも、どの母親にも当てはまるような唯一絶対の正解はありません。

いつ、どのようにやめるべきかについては、昔と今では、随分と変わってきています。祖父母世代が育児をしていた時代は、健診や予防接種のときなどに医師や保健師、助産師が一歳までに離乳を完了することが必要だと助言して、そのための「断乳指導」が行われていました。

でも、今は「断乳」という言葉はあまり使われていません。代わりに「卒乳」という考え方が一般的になっています。

断乳は親の判断でおっぱいを一方的にやめさせることですが、卒乳には「子ども自身がおっぱいを必要としなくなって自然に離れていくことを待とう」という気持ちが込められています。

ただ、その卒乳の仕方も、お母さんが疲れたり、授乳をつらいと感じたらやめて、できるときに授乳しましょうという「部分的な卒乳」があったり、徐々に回数を減らして子どもがおっぱいから離れていくように持っていく「計画的卒乳」があったりと、医療や保健指導の分野の人の考えもいろいろで、必ずしも統一されていないようです。

悩みながら自分なりの方法を見つけることが大切です。親がどうしたいのか、お子さんの様子などをよく観察しながら、決めてよいのだと思います。試行錯誤をしながら、いろいろと悩みながらご自分とお子さんにとって、一番すんなりと受け入れられる時期と方法を、見つけてください。

たとえば、お仕事をしていてお互いに日中離れている場合に、お布団に入っておっぱいをあげる時間をゆったり楽しみたいという気持ちも大切にしたいですね。

これは育児に限らず、何事も、その人その人によって、大事にすることがあるのではないでしょうか。

もちろん、専門家や先輩方の意見に謙虚に耳を傾けることも大切ですが、それに振り回されないこと、自分が納得できるやり方を探すことも、とても大切です。

あなたとお子さんにとってかけがえのない時間の過ごし方を大切にすることで、子育てのリズムも日々の生活も穏やかに、ゆったりと保つことができるのであれば、今はどうかその時間を楽しんでいただきたいと思います。

トイレでウンチができません！

三歳の息子。おしっこはトイレでできるのに、ウンチはリビングのカーテンの裏で。トイレに誘っても、頑《かたく》なに拒絶します。幼稚園入園が心配です。

叱らない！　あせらない！

大人はみんなトイレで排泄《はいせつ》します。トイレ以外で排泄するのは、かえって難しいですね。必ず、いつか、乗り越えます。遠い先を見つめると、今が一瞬に思えます。

トイレでの排便は、子どもにとってハードルが高いことです

お子さんがトイレでウンチができないのは、さぞご心配のことと思います。

でも、同じような悩みはとてもたくさんあります。このくらいの年齢ではごく普通にあることと考えてください。

子どもにとって、トイレで排便するということは、大人が考えている以上にハードルが高いものだということを、まず知ってください。

あせらないで！　必ず、乗り越えられます。

叱らないで！　子どもはトイレで排便できないことで、緊張感とストレスを強めているのです。

いら立って叱りたくなる親の気持ちはわかりますが、逆効果です。

排便したい様子が見えたら、そのままパンツでさせてあげましょう。

排便のたびに、親が怖い顔でトイレに連れて行こうとすると、かえってトイレで排便ができなくなります。

むしろ、今のリラックスした状況で、排便することを認めてあげて。

そして、そのあと、一緒にトイレで流しましょう。

「よかったね。出たのね」「ウンチさんに、バイバイしようね」「ウンチさんは、トイレで流してほしいのよ」などのメッセージを添えて。

排便はトイレでするものというモデルを見せるのも、効果があります。パパやママが排便するところを見せてあげてください。

息子さんならパパが、娘さんならママがモデルになるとよいですね。

トイレが楽しい場所だと思える工夫もしましょう。壁にかわいい絵を描いたり、子どもの好きなシールを貼ったりしても効果が期待できます。

また、便秘気味で便がかたいと、力むのが怖くて、トイレを敬遠することもあります。夕食で比較的多く水分をとらせたり、あるいはヨーグルトを食べさせたりして、起床後、すぐにトイレに行く習慣をつけることも一案です。

いずれにしても、こうした試みを、**あせらず、ゆったり、さりげなく繰り返しているうちに、あるとき、ぱっとできるようになる**ものです。

幼稚園入園のときまでにトイレトレーニングが完成していれば、それはそれでよいのですが、あまり気にしすぎて、子どもが入園を怖がるようになった、というのではいけません。

万一入園までに間に合わないときには、先生に事情をお話しして、一緒に対策を考えていただくようにお願いすればよいことです。

三歳の息子が園で友だちを叩いたり、ひっかいたり……。

「ダメでしょ」「やめなさい」と何度叱っても、やめません。このまま乱暴者になっていくのか、と心配です。園の先生もその都度、注意をしてくださっているのですが、親はどうしたらいいのでしょうか。

対策は、まず原因をしっかり見極めることから。

息子さんを叱る前に、どうして友だちに乱暴なことをするのか、息子さんの気持ちをよく考えてみましょう。

あなたのお子さんだけが特別に困った子ではありません

ある園の三歳児クラスにこんなお約束事があると聞いたことがあります。

「お友だちをたたかない・かみつかない・けらない」

この年齢の子が一緒に過ごす園では、どこでも似たようなことが起きているということですね。

三歳児のこうした行動には、いくつかの理由があります。

一番大きな理由は、発達的に「自己中心的」な段階にあるということです。思考や発想が自分のことで精一杯で、相手の気持ちや立場を考える力が未発達なのです。

大人にも〝ジコチュウ〟な人がいますが、大人は発達的に自分と相手の違いがわかって当然なのに、相手の立場に立とうとしない、立てないということです。三歳児の自己中心性は発達的にとても自然で、だれもが必ず通る道筋ですから、大人の〝ジコチュウ〟と同じに考えないでください。

次に言葉が十分発達していないことも原因として考えられます。「貸して」「少し待って」「僕・私はこうしたいんだ」という気持ちをうまく表現できないので、いわゆる口よりも手が先に出てしまうのです。

お子さんに、相手の立場に立つことばかり、求めないで。

自己中心的な発達段階にあるこの時期には、少しずつ相手のことを考える練習をさせることが大切です。そのためには、まず自分の気持ちを言語化する機会を持たせてください。

なぜお友だちを叩いたり、突き飛ばしたりしたのか。そこには幼い子どもなりに必ず理由があるはずです。それを聞いてください。

といっても、息子さんは自分の気持ちを十分に表現できない段階ですから、ゆっくり、あせらず。親は、ときには通訳や代弁者の役割を果たす心づもりで。「叩いたら、ダメでしょ」「お友だちは痛いのよ」などと、相手の立場に立つことを先にした言い方からはじめないことが肝要です。

まず、お子さんの気持ちを聞きましょう。そして、お子さんが「自分の気持ちをじっくり聞いてもらえた、わかってもらえた」という安心感を持てたとき、次に、お友だちの気持ちに移っていきましょう。

こうしたステップはゆっくり踏んでください。一度、二度、試してみてすぐに効果が出ることではありません。

でも、あせらずに繰り返していくことで、物事をよく考える力が育まれます。他の人にやさしくできる人とは、自分の気持ちや考えをしっかり把握し、表現する力を土台に、相手の気持ちや立場を尊重する力を持った人です。

〝ジコチュウ〟な大人にならないためにも、今を大切にしたいですね。

四歳の息子がいつも友だちに泣かされてばかりです。

かわいそうです。でも、それ以上に情けないです。「やり返してみなさい」、とときには叱りつけてしまいます。男の子なのに、大丈夫でしょうか?

叱る前に、「悲しいね」と気持ちを受け止めて。

幼少期は、家や親が子どもの心の「安全基地」になることが必要です。やり返すだけが、「人間力」ではありません。

外で悲しい思いをした子どもが、親にまで叱られるなんて理不尽

子どもの世界は、ときにはとても残酷なことがあります。

幼い子どもたちは、自分中心の発想でしか生きていないからです。相手の悲しみやつらさをまだ想像できない。けっしていじめるつもりはなくても、言葉や行動がきつくなることはよくあります。

一方、泣かされる子どもは、言い返せないのです。

自分の気持ちをきちんと伝えたり、相手の無理難題を責めるだけの言葉がまだ未発達だったりするからです。

強くて元気のある子は、むしゃくしゃする気持ちを行動で表します。相手になぐりかかったり、ものをぶつけたり……。

でも、息子さんはそれができないのです。

けれども、泣くことはできる。泣いて、自分の情けない状況を外に訴えているのです。

それは認めてください。間違っても、情けない、だらしないなどとは言わないでください。

相手の理不尽さをしっかりキャッチする感情があるから、泣けるのです。あなたの前なら安心だから、泣けるのです。


親はよく「男の子でしょ。泣かないの！」と言います。でも、**悲しみに男女の差はありません。**

悲しみを素直に表現できる人は、相手の悲しみにもやさしく応じる心を持った人になれるのではないでしょうか。

子どもたちはやがて社会人となって、いろいろな人と交わり、共に仕事や地域の活動をする立場になることでしょう。そのときに大切なことは「仕事ができる」「外国語が堪能《たんのう》」などの能力以上に、人の気持ちがわかり、悲しみや喜びに寄り添える力ではないでしょうか。

そのためにも、今、外で泣かされて帰ってくる息子さんを、大きな愛で包んでほしいと思います。

「大変だったね。やり返さないで我慢ができたの。すごい、でも、くやしいね」

親が共感を持って話を聞こうとすれば、なぜケンカになったのか、相手の子が何を言ったのか、自分はどうしたかったのか、どうすればよかったのかなど、自分の言葉でしっかりと話すことができる子になります。

そのためにも、**親は絶対に守ってくれる安全基地**なのだという安心感を与えてください。

三歳の息子が性器いじり。
びっくり。戸惑っています。

一人で遊んでいるのかと思っていたら、性器をいじっていました。ときどき、顔を赤くして、夢中になっていることもあります。こんなに小さいときから？どうしたらいいのか、途方に暮れています。

「性」への関心は生きる力です。

慌てないで。叱りすぎないで。自分の体を大切にして、と教えるチャンスと考えましょう。

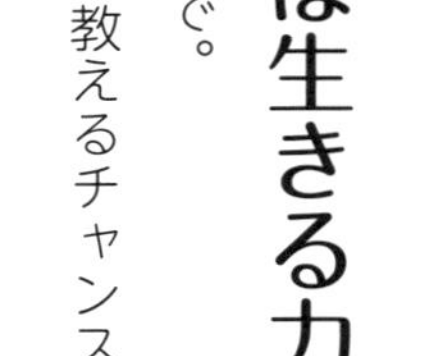

性や体に興味を持つのは、悪いことではありません。叱らずに、学びのチャンスに

三、四歳になると、どの子も性や性器に関心を持つようになります。触ると気持ちがいいということに気づく子も少なくありません。

人として自然なことですから、親は驚いたり慌てたりせず、おおらかに受け止めてください。

「性」は「心」偏に「生」と書くように、人が心豊かに生きるうえで大切な営みなのです。このことを心にしっかり刻むことから、対応をはじめましょう。

これは、**子どもが自分の体について考えるチャンスです。**

もっとも、いざ対応するとなると、幼児にどこまで教えたらよいのか、判断が難しいところですね。

まずは自分の体について理解することを基本にするとよいでしょう。

お風呂に一緒に入って体を洗ってあげながら、体のどの部分も大切だと教えるとよいですね。性器についても、男の子の体の大切な場所なので、いじりすぎたり乱暴に扱ったりしないように、と話してあげましょう。

話し方は、簡単に。

性に対して親が嫌悪感を露骨にしたり厳しく叱りすぎたりすると、せっかく芽生えた体への関心をなくしたり、罪悪感だけを残すことになりかねません。明るくオープンに語れる雰囲気を作って、自分の体を知り、他の人や異性の体も大事に考えられる心を育んでください。

また、関心を他のことに向ける工夫もしてみましょう。

性への関心の芽生えを認めつつ、いろいろなことに関心を広げさせることが大切です。思いっきり体を使った遊びや運動もはじめてよい年齢です。ピクニックや簡単な山歩きにも、親子一緒に少しずつチャレンジしてみるのも楽しいことでしょう。

そうして、お休みの日などに汗をいっぱいかく楽しさと爽快感を経験させてください。

さらに、お子さんが目にするもの、触れるものを再点検することも心がけてください。

テレビなどで大人のラブシーンなどを見ていないか、女性の裸やセックスシーンが掲載されている雑誌や新聞を無造作にリビングに置いていないか、など。

子どもが性を大切にできるためにも、幼い子どもの理解を超えた刺激物を放置しないことは、大人・親の責任かと思います。

文字を教えたいのですが、どのタイミングがよいでしょう?

三歳半の娘です。最近、ひらがなに興味を持ちはじめたようです。でも、書き順などを教えようとしても、乗ってきません。文字はいつ頃から、どのように教えたらいいのでしょうか?

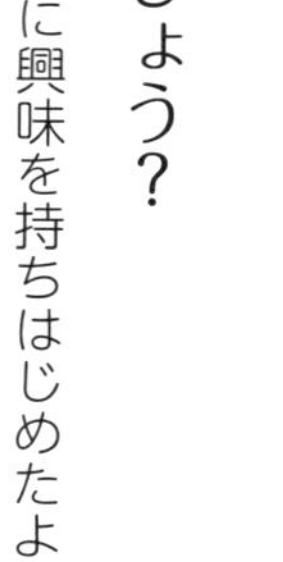

子どもが興味を持ったときが、チャンスです。でも、教え込まないで。

文字は、なぜ必要なのかをよく考えてください。「面白いお話をたくさん読みたい」「大好きな人に自分の思いを伝えたい」など、いろいろあります。好奇心と人への関心を育むことがまず大切です。

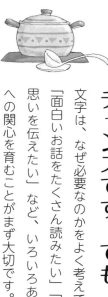

読み書きは、教えすぎないことがコツ

何歳から文字の読み書きを教えたらよいのかと悩み、文字を教える塾などに通わせなくては、と思いつめる親が最近増えています。

子どもの発達は、個人差がとても大きいものです。三歳頃に文字の読み書きができる子がいる一方で、小学校に入学するとき、自分の名前がやっと読める程度という子もいます。

基本は、子どもが文字について興味を持ったときを大切にすることです。でも、いくら興味を持ったからといって、いきなり書き順や読み方を教え込もうとするのは待ってください。せっかくの興味を失ってしまうおそれがあります。**文字のどこに、どのような興味を持ったのかを、まず考えてください。**

ひらがなの形が面白いと思っているのかもしれません。ものの名前や音の一つ

ひとつに形がつくという大発見をしているのかもしれません。たまたま文字に目を向けたら、親が喜んでくれたからということもあります。

文字の読み書きを教える時期に悩む前に、子どもにとってなぜ文字が必要なのかを考えてみましょう。

文字は子どもの世界を広げる手段です。

物語を読んだり、自分の考えを書き表すときに、文字はなくてはならないものです。伝えたいことを正確に伝えるものです。こうした手段が自分にもほしい、とお子さんが思うことが大切です。物語が好き、お話が好き、だれかに自分の考えを伝えたいという気持ちを持てるような手助けが必要なのです。

絵本を読んだり、お子さんと一緒に話す楽しい時間を大切にしてください。やがて子どもは絵本を自分で読みたい、大好きなママやパパにお手紙を書きたいなどと、文字に本格的な関心を持つことでしょう。

私の長女は三、四歳頃にひらがな積み木に興味を持ちました。一緒に遊んでいるうちに、いつの間にかひらがなを全部マスターしていました。

次女にも同じ方法を試そうとしたのですが、積み木でドミノ倒しに夢中になるだけ。まだ文字に関心がないのかとあきらめて、ドミノ倒しを楽しみました。でも、次女はお話好きで、絵本を読んでもらうのが大好き。読んで読んでとせがまれて何度も読んでやっているうちに、文字が読めないのに、まるでわかっているかのように、すらすらと丸暗記。そのうち、絵本の中から文字探しを一緒にやってとせがむようになって、小学校に上がる頃には、絵本からいろいろな文字を覚えていったようです。

また、家の中にあるいろいろなラベルの中から、「今日は『あ』を探そう」などという遊びもしました。次女は宝物探しも大好きでしたので、同じような感覚で楽しみながら文字を覚えました。子どもによって方法はいろいろです。子育てはあせらず、楽しむことですね。

弟が生まれた途端、上の子が聞きわけがなくなってしまって、困っています。

間もなく三歳になる長男が五カ月の弟をよく叩きます。「叩いたら痛いでしょ？　自分もされたら嫌でしょ？」、と言い聞かせていますが、言うことを聞いてくれません。

赤ちゃんがえりです。上の子の寂しさを抱きしめてあげましょう。

まず赤ちゃんがえりをさせてあげましょう。
そして、「さすがお兄ちゃん・お姉ちゃん」、と誇りを持たせる言葉も忘れずに。

大人の理屈で、子どもの寂しさを見過ごしていませんか？

きょうだいが生まれると、上の子はいくつであっても、赤ちゃんがえりをして、親を困らせるものです。弟妹が生まれて、ママの気持ちも手も取られてしまったのですから、寂しくてたまらないのです。

だから、ダダをこねて、ママをてこずらせたいのです。

対策としては、まず上のお子さんの気持ちに寄り添ってあげてください。そして、それを言葉や態度でわかりやすく伝えましょう。

「赤ちゃんを叩いたら、赤ちゃんは痛いのよ。自分がされたら嫌でしょ？　お兄ちゃんなのに、それもわからないの」と言うのは、ダメです。それは大人の理屈です。

理屈は、一番あとで。まず、「どうしたの？」と聞いてあげてください。「寂しいの？　何かつまらないのかな？」、と上の子を抱きしめる気持ちで。

実際に抱っこしてあげられたら、一番いいのですが、それが無理なときは、気持ちだけでも抱きしめる思いを精一杯込めて、話しかけてください。

「どうしたの？」と聞いても、けっして理由は言わないでしょう。

いえ、言えないのです。言葉がまだ十分に発達していないだけでなく、本人も、もやもやしているからです。

だから、**「どうしたの？」の言葉には、思いやりを込めて。**「弟が生まれて、あなたのことをかまってあげられなくて、ごめんなさいね。寂しい思いをさせているね」という思いを伝える言葉として、使ってください。

下のお子さんを世話する手を少しでも休めることができるときは、**精一杯、甘えさせてあげてください。**

思いきって赤ちゃんがえりをさせるのも、コツです。

そうして、心を、そして、体を抱きしめながら、その次に「さすがお兄ちゃん」と言ってあげられるチャンスを探してください。何かお手伝いめいたことができたとき、何か我慢ができたとき……に。

ただし、これをママ一人でするのは大変です。パパの手を借りたり、周囲の人の助けを借りることを忘れずに。

子どもの気持ちに寄り添うとは、よく使われる言葉で、わかったような気になりますが、いざどうしたらよいのか、戸惑うことでしょう。

そんなときは、自分の小さい頃のことを思い出してください。

嬉しかったこと、悲しく切なかったことを懸命に思い出すと、子どもの気持ちが自然とわかるはずです。

きょうだいゲンカが絶えません。

五歳の兄と三歳の弟は、寄ると触ると、ケンカばかり。お兄ちゃんに我慢をさせるべきですか？　きかんぼうの弟を叱るべきですか？

将来、仲の悪いきょうだいになるのではと心配です。

親は裁いてはいけません。

公平に裁くことは、難しいと思ってください。きょうだいがいてこそケンカもできる、とどっしり構えていてください。親が裁かなければ、きょうだいは仲良くなります。

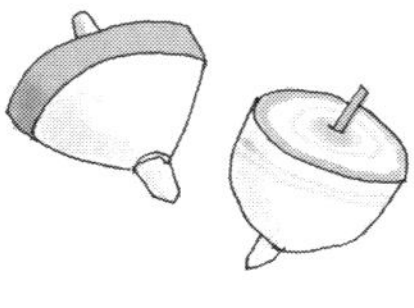

きょうだいゲンカには、上の子にも、下の子にも、それぞれの理由があります

「きょうだい」というと、「ケンカ」という言葉が続くように、きょうだいゲンカはどの家庭でも見られますし、とても自然なことです。遠慮なく自分の気持ちをぶつけたり、ぶつけられたり、ときには手をあげたり、あげられたりしながら、子どもは自己主張の仕方や相手の気持ちに気づくことができます。

きょうだいゲンカは子どもが成長する過程で必要なことなのです。

昔から、「きょうだいゲンカは鴨《かも》の味」といわれてきました。

ケンカをしたかと思うと仲良く遊んだり、成長してからも懐かしく思い出して、笑い話にできたり……。味わい深いものです。

一方、「きょうだいは他人のはじまり」ともいいます。仲良く、助け合ってほ

しいきょうだいが、いがみ合ったり、他人よりもよそよそしい関係になったりしてしまうケースも、珍しくありません。小さいとき、親がえこひいきしたという思いが、きょうだいの仲を裂く原因となることもあります。親は子どもたちが大人になったときのことも考えて、臨みましょう。

それでは、どうしたらいいのでしょうか？

ある程度、放っておくこと！　そして、裁かないことです!!

親はケンカを早くやめさせようとして、介入します。どちらが悪いか、裁こうとします。そして、上の子に厳しくしがちです。「お兄ちゃんなんだから、我慢しなさい」。

あるいは、きかんぼうの下の子に、つい声を荒らげたりもします。「どうして、そんなにがんばるの。お姉ちゃんに立ち向かっていってもかなわないでしょ」と。

いずれも、ダメな対応です。どちらにもそれなりの言い分と思いがあります。親は公平に裁くことはできないと思ってください。

公平に裁いたつもりでも、子どものほうに不満が残ります。

「どうして、お姉ちゃん・お兄ちゃんの言うことばかり信じて、肩を持つの？」

「どうして、私・僕ばっかり怒られるの？」と。

上の子に我慢を求めて、弟妹にやさしくしなさいと求めるのは、親の理屈と都合。上の子はいろいろと我慢をしているはずですから。

一方、下の子は生まれたときから、きょうだいがいて、親に存分に甘えられないこともあったかもしれません。何でもできる上の子に、対抗心も持ちます。余計に、きかんぼうにもなります。

上の子にも、下の子にも、それぞれの事情があるのです。そして、懸命に親の愛情を求めています。だから、裁かないで。一人ひとりを、特別な愛情で見守ってください。

自分は親にしっかり愛されたという自信を持って大きくなった子は、必ず、きょうだいとも仲良くやっていける人に育っています。

二歳の子どもが約束を守れません。

「今日はお菓子を買わない」と家を出るとき約束したのに。「電車では騒がない」と指きりをしたのに。いざ、その場に行くと約束やぶりばかり。将来うそつきになるのではと心配です。

約束を守る人になってほしいですね。

でも、子どもの発達段階を理解して、用意周到に。ときには約束どおりにいかないことを認めるゆとりも、持てるといいですね。

一度や二度言い聞かせただけで、わからせようとするのは無理です

二歳児の記憶保持能力は「猫」並みだということ、ご存じですか？

つまりせいぜい二十分が限度なのです。家を出るときに、ママとかたい約束をしたとしても、スーパーマーケットに着いた頃には、二十分くらいが経過。記憶も薄れているのです。

そんなときに目の前においしそうなお菓子がいっぱい並んでいたら、つい手が出てしまっても仕方のないことではないでしょうか。お腹を空かせて出かけない工夫もしてあげてください。

大切なことは繰り返し、繰り返し、言い聞かせましょう。

電車で静かにするマナーを身につけさせることも必要です。これも、出かける

前に、何度も何度も言い聞かせてください。

どうして騒いではいけないのか？　電車には疲れた人、静かに考え事をしたい人、悲しい用事で出かける人など、いろいろな人が乗っています。三歳頃からは、お出かけを通して他の人の気持ちを考える大切さを伝えるチャンスにもできればと思います。

ときには毅然《きぜん》と。ときには「まあ、いいか」とおおらかに。

約束がいつも守れるとは限りません。あれほど言い聞かせたのになぜ守れないの、と情けなくなることもあるでしょう。でも、それが子どもです。**一度や二度で、完璧に聞きわけがよくなるはずはありません。**

対処法は二つです。

一つは毅然とした対応です。たとえば注意をしても電車で騒ぐのをやめなければ、降りてしまうことがあってもよいかと思います。もちろん、時間に余裕があればですが。

もう一つの対処法は、正反対に、子どもの要求を認めることです。

私の長女の話ですが、保育園の帰り途《みち》にお菓子屋さんがありました。毎日はお菓子を買わないという約束をしていたのですが、そのお店の前を通るたびに、長女がつないでいた私の手をぎゅっと握りしめて、私を見つめるのです。つい「今日は特別ね」になってしまいました。そうして「特別の日」が何日も続いてしまいました。

なんとルーズな情けない母親かと反省もしましたが、仕事で一日離れていてやっと一緒に手をつないで帰る道すがら、慕る愛らしさの前に「約束」の影のなんと薄かったことか。

もっとも、毎回求めるお菓子はたった一つ。価格も安いものでした。

そんな長女ですが、けっして買い物依存症にはなってはいません！　むしろ、しっかり家計管理もできる主婦・妻になっているようです。

今となれば保育園の帰り途の楽しい思い出です。

悩みながら
自分の方法を見つけることが
大切です。

子育てには、どの母親にも当てはまるような、たった一つの正解なんてありません。子どもの様子を見ながら、自分なりの方法を探しましょう。専門家や先輩方の意見を聞くことは大事ですが、それだけに振り回されないで。

Chapter

3

まわりの人たちを味方にしましょう

子育てひろばデビューに失敗してしまいました。子どもに友だちを作ってやれない、情けない母親です。

娘は一歳三カ月。そろそろお友だちが必要だと思って、近くの子育てひろばに行ったのですが、すでに仲良しグループができていて、居心地が悪くて帰ってきてしまいました。私は母親失格です。

友だちは、子どもが自分で作ります。

子どもに友だちを作ってあげようと、無理をして公園や子育てひろばに出向く必要はありません。むしろ、この時期のお子さんにとっては、ママとゆったり過ごすことも大切です。

ママがつらい思いをするのは本末転倒です

かつては公園デビュー、今は子育てひろばデビュー。

いずれにしても若葉マークのママにとっては、敷居の高いことでしょう。もともと初対面の人に声はかけづらいものです。しかも赤ちゃん連れの母親たちは、グループで固まって、新しくきた母親を拒絶するかのように見えることも少なくありません。

なぜでしょう?　おそらく皆さん、ママ友作りに必死なのだと思います。出産前後からしばらくの間、家に閉じこもって、赤ちゃんとだけ向き合って、孤独な子育て（まさに「孤育て」）に苦しんできたことでしょう。

ですからやっとできたママ友は失ってはいけない、と必死になるのでしょう。

子育てひろばでも、ときどき妙な緊張感が漂っていることがあります。

「ひろばに行くのが怖い。ひろばなんてなければいいのに……」とつぶやく母親もいます。

でも、**子どもに友だちを作ってやれないと母親失格なのでしょうか？**　ママ友とのおつきあいの仕方に悩む前に、ちょっと立ち止まって、考えてほしいのです。どうしてそんなにママ友作りに躍起になるのでしょう？　「子どもに友だちを作ってやりたい」「ママ友との関係につまずいたら、この子はこの先、友だちのできない子になってしまう」などと、深刻に悩みすぎていませんか？

でも、あなたが今大切にしている友だちはいつの時代の友だちですか？　小学校時代？　中学高校時代？　社会人になってから？　人によっていろいろでしょうが、赤ちゃん時代という人は少ないはずです。友だちは、物心がついてから、自分で選んだ人ではないでしょうか？

そう、友だちは、子どもが自分で作るものなのです。

ケンカをしたり、仲直りをしたり、**いろいろな経験を積み重ねながら、子ども**

は自分に一番合った友だちを選びます。ですから、友だち作りは子どもに任せて大丈夫なのです！

むしろ、自分で友だち作りができる子になるために、今、何が必要なのかを考えてみることが大切です。

相手の気持ちを考えられる子。自分の気持ちもしっかり伝えられる子。何よりも、人に関心を持って、人と交わることを楽しめる子。そんな子どもに育っていってほしいものですね。そのためには、「人っていいな」と思える経験を、小さいときにたくさんさせてあげてください。ママやパパ、おじいさまやおばあさまなど、身近な人にたっぷりと愛される経験の積み重ねが、やがて自分の世界が広がったときに、人を愛し、人からも愛されるための宝となっていくのです。

ママがつらい思いをしながら、子どもの友だち作りに励むのは、本末転倒なのです。

ママ友とのおつきあいがつらい！

私のまわりには、ママ友と楽しそうにつきあっている人ばかり。でも、私には気の合うママ友ができません。今、つきあっているママ友たちとの関係が苦手です。抜け出したい。でも、それもできなくて。

ママが「真の大人」になれるか否かが問われています。

ママ友関係の悩みの解決は、一言で言って、他者とほどよい距離感を作れるか否かにつきます。ママ友づきあいは、大人の社会人となるための第一章です。

ママ友作りに必要なものは「小さな勇気」です

まず、ママ友ができにくいという悩みから考えてみましょう。

子育てひろばなどで、みんなが楽しそうに談笑していると、「無理。とても私は入り込めない」と思いつめてはいませんか？

実は同じ思いで、寂しさとたたかっているママはたくさんいるのです。むしろ、そうした人のほうが多いと思ってもいいくらいです。

そっと周囲を見回してみて。子どもとだけ遊んでいるママが見つかったら、声をかけてみましょう。「おいくつですか？」でも、何でもいいのです。きっと、救われたような笑顔が返ってくることでしょう。一声かける勇気。それがあなただけでなく、同じような悩みを抱えているママを幸せにする力にもなります。

一方、せっかくできたママ友なのに、おつきあいがわずらわしくなったという悩みもあります。「話題についていけない」「そこにいない人のうわさや悪口ばかりで、うっとうしい」「いつも一緒に行動することを求められて、息苦しい」「互いの家を行き来するようなおつきあいにまで発展して、ときには見栄の張り合いも……」などの声も少なくありません。

理想を言えば、こんなときもイエスとノーをはっきり言える勇気が必要です。「今日はごめんなさい。他の用事があるので」と断る勇気です。「いない人のうわさはやめましょうよ」と言えればよいのですが、これを言える人は、ママ友づきあいに悩んだりしないかもしれません。

でも、ちょっと勇気をふるえば、そんな嫌な人たちとのつきあいから、徐々に、そして、それとなく距離を置くことは、できるのではないでしょうか。仲間になっていないと、いつ悪口を言われるかわからないなどという恐怖心とたたかう勇気があるなら、離れる勇気のほうがずっと建設的です。

〝ヤマアラシのジレンマ〟を教訓にしましょう！

ママ友ができない悩みも、嫌なママ友から離れられない悩みも、共通しているのは、**寂しさのあまり他者との距離感を見失っている**ということです。

ドイツの哲学者ショウペンハウアーの〝ヤマアラシのジレンマ〟という言葉を紹介します。寒さに震えて、二匹のヤマアラシがあたため合おうと近寄るのですが、互いの針が痛くて近づけないという寓話《ぐうわ》です。

人は近寄りすぎると傷つけ合ってしまうという否定的な考え方もできますが、その結果、互いに適切な距離感に気づくことができるというたとえでもあると思います。

子育ての苦楽を分かち合える友だちは必要です。でも、「ママ友づきあいに失敗してもいい。その経験が私を他者とほどよい関係を保てる大人に成長させてくれる」と考えてください。

失敗やつまずきも受け入れる勇気を持ちましょう。

夫がこんな人とは思わなかった！

世の中はイクメンブーム。それなのに、うちの夫は、
何もしてくれないんです。
夫にはずれた！　というのが、正直な気持ちです。

嘆いたりあきらめる前に、具体的に伝える努力を。

夫に、親としての自覚と覚悟を持たせましょう。
そのためには、子育てのありのままを、してほしいことを
伝えましょう。
仕事の企画書作成モードで攻めてみるのも、一案です。

夫に育児の大変さを実感してもらいましょう

イクメンがニュース（＝最新の情報）になる世の中です。ということは、**育児に非協力的な男性はあなたの夫だけではない**ということです。

たしかにテレビや新聞・雑誌などに、積極的に育児をする男性たちが登場しています。世の中の男性たちがこんなに協力的なのに、それと比べてわが夫のダメぶりが浮き彫りにされるかもしれません。

でも、メディアが取り上げるのは、それだけ新奇性・話題性があるということです。現実には育児と無縁のように仕事に打ち込んでいる夫たちのほうが、残念ながら大勢なのです。

理由は二つ考えられます。

一つは、職場環境が厳しいということでしょう。国際競争も厳しくなっている中、成果主義の下、仕事に専念せざるを得ない職場も少なくありません。

もっとも、それでは女性が働き続けることは無理ですし、夫の協力なしで育児はできないということで、ますます少子化に拍車がかかるのも必然です。仕事と子育てが両立できるよう、ワークライフバランスの推進が今後の大きな課題となっています。時代の風が変わるのは、もう少しです。

しかし、男性の育児協力が進まないもう一つの理由は、その必要性がなかなか夫たちには実感できないということでもあるようです。

お産の大変さは夫にも理解できるようになってきました。でも、産んだあとの育児のほうがもっと大変。その大変さが男性たちには実感として届きにくいようです。「かわいい赤ちゃんと一日一緒にいられて、君はいいね」などと平然と言う夫も、いまだにいるのが現実です。

だからこそ、**夫改造計画に着手しましょう。**

ため息が出ますが、あきらめるのは早いです。怒る前に、工夫が必要です。夫たちの声を聞いてみると、「妻が何をしてほしいと思っているのか、わからない。聞こうとしたその矢先に、妻は噴火しているんです」と。

「言わなくてはわからないなんて、許せない」という妻の言い分はもっともです。でも、わからないことは、本当にわからないのです。

ここは冷静になって、してほしいことを具体的に伝えることが勝ちでしょう。

たとえば、朝起きてからの一日の流れに沿って、ママの生活時間表を作成しましょう。**育児に明け暮れる大変さを「見える化」して、伝えること。**そのうえで、「この部分が一人では無理」「ここを手伝ってもらえると、助かる」、と時間軸に沿って夫にしてほしいことをリストアップするのです。

ちょうど仕事の企画書・提案書のようなものになりますが、仕事に生きている男性たちには理解しやすいことでしょう。

敵を倒すには、まず敵を知る、でしょうか。

いっときでいい、自分の時間がほしいという私の気持ちを夫がわかってくれません。

母親としての自覚が足りない！　そんなにしてまで遊びたいのかと言われて、めげています。

めげているときではありません！

あなたの説得力の磨きどきだと思いましょう。
夫育ても、子育ての醍醐《だいご》味《み》の一つです。

子育ての大変さをいかに伝えるかが、工夫のしどころです

〝母親の自覚〟を口にする前に、〝夫の思いやり〟こそ持ってほしいですね。子育てで何が大変かといって、夫の無理解ほどつらいものはありません。

でも、こうした夫は、世の中にたくさんいます。嘆いたり、怒ったり、そして、あきらめる前に、かれらの思考過程をさぐってみましょう。

「子どもはかわいい」&「育児にまさる偉業はない」↓「それに専心するのが妻の仕事」↓「なぜなら母親になったのだから」↓「だから二十四時間、子どものために全身全霊をつくすべき」↓「そのことに喜びを見出《みいだ》すべきだ」↓「なぜなら母親なのだから」。

長年、頭の中に沁《し》みついて、習性化したこの思考過程を崩すには、それなりの

戦略が必要です。

まず一つは、ショック療法です。ひとときでも夫に子どもの世話を託してしまいましょう。理由は何でもいいです。具合が悪くなったり、実家に急用ができたり……。

たしかに、子どもはかわいいですし、育児は大切。でも、同時に大変だということを、夫にも体で感じてもらうことが早道です。あなただけでなく、夫も子どもの親なのですから。

「パパと遊ぼう。ママは遊ぼう」です。

次に、日頃のあなたの育児の実態を「見える化」して伝えることです。実態を知ることが理解の前提です。子どもがぐずって聞きわけがなくなったときの声や姿を、スマホなどで撮っておくこともおすすめです。

そして何よりも、一番、夫にぐっとくるのは、あなたの笑顔です。

子どもから離れた時間を持つことによって、そのあとに、あなたがどれほどやさしくなれるのかを見せてあげましょう。

一カ月に一度、喫茶店でコーヒーを飲んで帰ってくる妻に、「出かけたあとは、気持ちが悪くなるほど、やさしくなれるんだね」と言った夫がいます。

子どもからひとときでも離れるのは、けっして遊び呆《ほう》けるためではありません。むしろ、**輝くような笑顔で、子どもを抱きしめられるママに戻る**ということなのです。

そのために、一時保育料など、経費が少しかかることもあるでしょう。でも、それはわが子を愛するための〝必要経費〟だということを、まずあなた自身が納得することも大切ですね。そして、それを堂々と宣言しましょう。

夫はすぐには変わらないかもしれません。

でも、きっといつか理解してくれると信じましょう。あなたが夫として選んだ男性なのですから。

夫との心の距離が、
どんどんひらいていきます。

夫と愛するわが子に囲まれ、心に描いていた夢のような子育て。でもそれは、まさに夢のようにはかなく消えてしまったみたい。夫の姿は見えても、心が見えないのです。

夫婦の絆は、育てていくものです。

昔は、子どもは夫婦の〝かすがい〟といわれていました。今は、子育てが夫婦の〝溝〟を作る時代かもしれません。心の距離に気づいたのがチャンス。そこから夫婦の真剣勝負をはじめてみませんか。

子育ては大切。でも、それだけでは満たされないという心の叫びを無視しないで

ある調査（ベネッセ）では、子育てがはじまると、それ以前に比べて夫に対する妻の愛情度が三〇パーセント近く下がると報告されています。

もっとも夫婦間の愛情といっても、いつまでも新婚時代の気分は続かないのが自然です。でも、妻に対する夫の愛情の減少度が微減にとどまっていることに比べて、妻の心の変化が気になります。

原因は何でしょうか？

夫が思ったように育児に協力してくれないという不満もあります。でも、夫も仕事が忙しい。これ以上の協力を求めることは無理だとわかっている、という妻も少なくありません。それでいて、何が不満なのでしょうか。

一言で言えば、心が触れ合わない寂しさなのです。会話が少なくなって、出勤

していく夫の背中が遠のいて見える寂しさです。背広に身を包んだ夫の姿に、仕事に向かう男性の緊張感とダンディズムを感じて、心ときめくことがあるという妻もいます。でも、ときめきも一瞬。見送ったあとに、取り残されたようなむなしさに襲われるといいます。

かつては同僚だった。共通の話題に時間を忘れたこともあった。それなのに、今はほとんど会話がない。「何か悩みがあるなら、ぼく聞くよ」と夫。それが夫のやさしさと信じて疑っていない。でも、自分の悩みは妻には何も語ってくれない。もう私はあなたの相談相手に足る女性ではなくなってしまったの？

打てば響くように返してくる同僚や若い部下たちとの会話に満たされている夫には、妻の話はつまらないだけ。こんなふうに自嘲《じちょう》気味になっている妻の胸中に無頓着な夫だから、妻の心も離れていくのです。

くやしいですね。でも、そのくやしさを感じるあなたは、大きな可能性を秘めています。なぜなら、自分は今のままではいけない、と心の黄色信号が点滅しているのですから。

子育ては大切な仕事です。子どもの成長にまさる喜びはないと言っても過言ではありません。でも、子どもと子育てだけでは満たされない、とあなたの心は叫び声をあげているのです。その声に真剣に耳を傾けてみましょう。

子どもの世話もある時期になれば一段落を迎えます。そのときの人生設計を、今から考えておくことが大切です。将来の自分にいろいろと夢を描いて、今からでも一歩踏み出してみてください。

妻の自分磨きと、それを応援する夫の気遣い。それこそが夫婦の絆です。

目標を持つ緊張感は女性を美しくします。問題は、そんなあなたの可能性に、夫がどこまで応援の手を差し伸べてくれるかです。妻の自分磨きを心から応援できる夫になってもらうことが、これから夫婦として歩む長い時間に何よりも必要なことだと、真剣に夫に訴えてみませんか。

祖父母に干渉されて、子育てを楽しめません。

私の母が、とにかく育児に干渉してきて、うるさくて困ります。
姑が昔風の育児方法を押しつけてきます。
どうしたら、私流の育児を貫けますか？

子育ては「温故知新」です。

まず、素直に耳を傾けてみて。
自分の考えと合えば、採用。合わなければ、さりげなく聞き流す。
そうして、いつしかあなた流の育児ができあがります。

祖父母の助言を採用するか、しないかは、親のあなたが決めていい

とかく祖父母世代は口うるさく干渉してくるものなのです。

「薄着で風邪をひかせるな」とか、「母乳ばかり与えているから体重が増えないんじゃないか」とか、「紙おむつなんか使うから、おむつはずしが遅れているのではないか」とか。子育てひろばに行こうとすれば、「風邪をうつされるから、うちに預けていきなさい」などと、いちいち指示されたり、口うるさく干渉されて、たまりませんね。

祖母が実母なら、遠慮がなさすぎますし、姑なら、何か意地悪さが感じられたりして、いずれにしても厄介なことです。

でも、何事も、立場が異なれば、別の思いがあるはずです。祖父母はなぜ干渉

するのか、その理由を考えてみましょう。
祖父母にしてみれば、けっして悪気があるのではなく、自分が干渉していることにも気づいていないかもしれません。それだけに、よけいに厄介なことではあるのですが……。

よく孫は目に入れても痛くないほどかわいいといいます。かわいさのあまり、無事に育ってくれるか、心配で心配で、たまらないのでしょう。

また、自分は立派に子育てをしてきた、という自信もあるのだと思います。その成果がママであるあなたであり、パパとなったあなたの夫。自分の経験を伝えてあげたいという純粋な気持ちがほとんどだと考えましょう。

育児雑誌やネットには書いていない、オリジナルな育児方法を教えていただけるチャンスだと、プラス思考で受け取る度量も必要です。何しろ、**実母や姑のおすすめ法を実践した結果が、あなたであり、あなたの夫なのです。**これ以上、オリジナルな方法はありません。

素直に、ちょっと面白がって耳を傾けてみてください。自分の子育て経験を素直に聞いてもらえることほど、祖父母にとって嬉しいことはないはずです。

でも、祖父母流に流されても、いけません。耳を傾けながら、あなた独自の育児法を徐々に作っていく知恵も必要です。

祖父母の子育てとは、時代が違います。何よりも、子育ての第一義的な責任も権利も、親のあなたにあるのです。あなたなりの考えと方法を築いていくことが大切です。祖父母の言葉は、そのためのありがたい助言です。**採用するか、却下するか、あなたが決めることです。**

ただ、最後に大切なことは、採用・不採用にかかわらず、せっかく、助言してくれた祖父母に納得してもらうことです。結果はともかくも、言ってよかったと思っていただくためには、感謝の気持ちを正直に伝えることです。

「ありがとう。でも、私は……」と堂々と言えることが、親になることでもありますね。

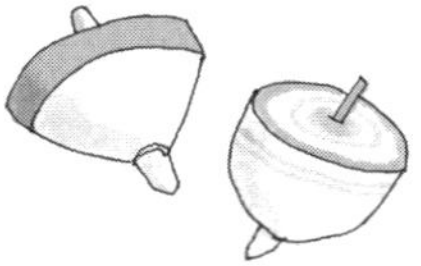

祖父母が孫を甘やかすので、困っています。

私は厳しくしつけたいのに。
親に叱られても、祖父母の所に逃げていけばいい、と思う子になるのが心配です。

祖父母のやさしさと親の厳しさ、子どもには両方必要です。

祖父母のやさしさには、理由があります。

親の厳しさの大切さも、やがて子どもは必ずわかるときがきます。大切なのは、互いの違いをほほえましく思える心のゆとりです。

お互いの悪口は逆効果。肝心なしつけは一致協力して

目の前の祖父母が、同じ人とは思えないと言うママがいます。

「記憶にある父や母は、とてもしつけに厳しかった。お菓子の買い食いなど、どんなにせがんでも許してくれなかった。それなのに、今、孫の顔を見ると、飴やクッキーを与えている。甘いものは与えたくないと言っても、馬耳東風の素振り。聞きわけのない子を思いっきり叱りつけると、おいでおいでをして、孫を抱きしめてしまう。こんなことでは、子どもは甘やかされ放題。易《やす》きに流れる性格になってしまわないかと心配でならない。何よりも、自分のしつけを否定されているようで、毎回、神経を逆なでされるような思い」と嘆きます。

たしかにどんなに孫がかわいくても、親のメンツをまるつぶしにするような態

度は、年長者としてとるべきものではありません。

ただ、祖父母にしてみれば、けっして親のメンツをつぶそうとしているわけではありません。祖父母の甘さは、自戒と懺悔《ざんげ》の甘さではないかと私は思います。

「若いとき、自分も親として、精一杯、しつけをがんばってきた。子どものために、ここは絶対に譲れないと思いつめて、ときには泣かせてでも、自分の方法を貫こうとした。でも、今考えると、随分と頭でっかちな子育てだった。あんなに肩肘《かたひじ》張って育てなくてもよかったのではないか。ただただ抱きしめてやればよかった。お菓子を与えたからといって、直《ただ》ちに虫歯になるわけでもなかったのに。歯磨きを上手にさせればよいことだった。子どもの懸命な訴えに、もっと柔軟に応えてやってもよかったのではないか。子どもは親が育てる以上に、自分で育ってくれたということが、今になって身に沁みる」

こんな思いが祖父母の胸をよぎっているのではないでしょうか?

甘い祖父母が好き。でも、ママとパパが、子どもは一番好きなのです。

もちろん、しつけの大切さを考えれば、親と祖父母が一致していなければならないことはあります。でも、すべてにおいて一致していなくてもいいのです。むしろ、一から十まで一致していたら、子どもはどんなに息苦しいことでしょうか。

親に叱られたとき、子どもには逃げ場も必要です。「よしよし」と祖父母にやさしく背中をなでてもらって、子どもはほっとしつつも、やはりママやパパの様子をうかがっています。できれば、ママやパパに抱っこしてほしいのです。「ごめんなさいと言おうね」と祖父母が子どもと親の間の通訳者になれたら、一番いいですね。

そのためにも、親と祖父母が互いの悪口を慎むこと。

繰り返しになりますが、ここだけは譲れないという大切なことだけは、祖父母と親が一致してしつけをすることは、もちろん、とても大切です。

夫の実家への里帰りが憂鬱です。

盆暮れに夫の実家に行かなくてはなりません。気を遣って、神経をすり減らして、おみやげや交通費も使って。こんな無駄なことをこの先も続けなくてはいけないのでしょうか。

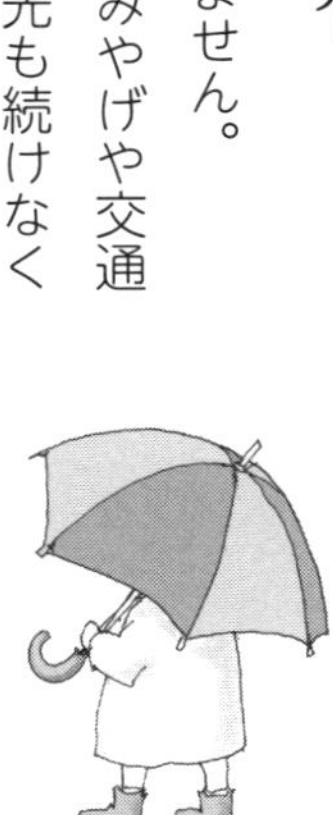

何が嫌ですか？問題点を整理して夫と話し合って。

夫の実家とのつきあいは気苦労も多いことでしょう。無理は禁物です。でも、一方的に無駄と切り捨ててよいとはいえないこともあります。

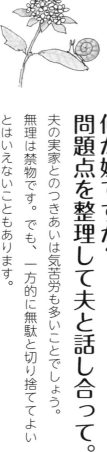

「前時代的な感覚の舅姑」それとも「あなたのわがまま」？　舅姑問題は冷静に

嫁の代わりはいくらでもいるといった感覚で、里帰りしたお嫁さんをこき使ったり、親族の集いの中で孤立させて平然としている。そんな舅姑がいまだにいるという話もときおり聞きます。

その一方で、最近はお嫁さんにとても気を遣ってくれたり、あたかも娘を迎え入れるような気持ちで、帰ってくる日を待ち望んでいてくれる舅姑もいます。

前者のような舅姑が待ち構えている夫の実家に帰るのは、さぞ憂鬱《ゆううつ》なことでしょう。無理をして帰省する必要もないと思います。無理をすれば、ますますあなたの恨みは募るばかりです。

でも、その場合、夫がどう思っているのか、そこが肝心な点かと思います。

あなたの思いを夫に、率直に伝えてみましょう。

けっして舅姑の悪口を言っていると受け取られないように、冷静に、事実を淡々と述べることが得策です。何がつらいのか、正直に訴えてみてください。

そのうえで夫の気持ちを聞いてみることです。夫はあなたの思いに気づいていなかったのかもしれません。

あなたの訴えを聞いて、「すまない」という一言があれば、あなたの気持ちも随分と軽くなりますね。それほどつらいのであれば、今年は何か理由をつけて、里帰りをしないという方法を考えられるかもしれません。

ただ、気づいていても気づかないふりをする夫も少なくありません。わかっていても、「すまない」と言えないこともあります。なぜなら、自分の非であれば変えようはあっても、**親の非は、たとえ息子であったとしても、変えようがない**からです。

それだけに知らんふりをしたり、不快を隠さないこともあるかもしれません。

くれぐれも夫婦間に溝ができないように、舅姑の話題には細心の配慮が必要です。そんなことで、大切な夫との関係が崩れるとしたら、もったいないですから。

一方、後者の場合は、それほどまでしてもてなそうとしてくれていて、なおそれが重荷だとかうっとうしいということですね。

あなたの気持ちはわかりますが、あえて言えば、そこはあなたが我慢してもよいのではないでしょうか。一年に数日のことだと。しかも、相手は善意なのです。人の善意をありがたく受け入れる度量も、大人には必要です。

繰り返しになりますが、何よりも、**夫にとってはかけがえのない親であることを忘れないことが大切**です。舅姑と気持ちよくつきあうことが、結局、あなたに対する夫の思いやりとなって返ってくることを考えるのも、盆暮れの年中行事の効果と思いましょう。

お節句・七五三……。通過儀礼が頭痛のタネです。

両方の実家がお祝い合戦みたいになってしまっています。
嫁の実家の祝い金が少ないと言われています。
年金暮らしの親に心配をかけるのがつらいです。

親対策は夫婦が一丸となって。

通過儀礼は子どもの成長を祝うものです。夫婦で方針を決めて、実家に伝えましょう。双方の親が見栄を張り合ったり、無理をしていがみ合ったりするのは、本末転倒です。

祝い方を決めることは、新たな家庭を築くための一歩となります

双方の実家から送られてきた節句祝いの品を飾ると、ただでさえ広くない若夫婦のマンションは、寝る場所もなくなってしまう。こんな笑えない話をよく聞きます。

また、通過儀礼のたびに、嫁の実家に出費を求めてくる舅姑がいるとか。すでに年金暮らしをしているものの、娘かわいさに無理をしてくれている実家の親の胸中を思うと、胸が痛むというお嫁さんもいます。

祝い事にはそれぞれの地方や家によって大事にしている習慣があることでしょう。無下に無視してよいとも思いません。それでも、不必要な無理と無駄は避けるのが賢明かと思います。

また祝い金を弾まなくてはならない、節句のたびにいくら出さなくてはいけないのだろうかと、年老いた親を怖気《おじけ》づかせるようなことは、成人した子どもとして、してはいけないことではないでしょうか。

また、夫の実家と妻の実家、それぞれの出費の多寡で孫や子どもたちへの愛情を競わせるようなことも、けっしてあってはならないと思います。

結婚し、子どもを産み育てるということは、生家から独立し、人生の伴侶と共に自分たちの暮らしを営むということです。それぞれが育った環境や文化を引き継ぎながら、そして、親から受けた愛情への感謝の思いを大切にしつつ、自分たちにふさわしい新たな家庭・文化を作っていくことが、結婚生活です。生まれてきた子どもの通過儀礼をどう祝うのかは、そのための第一歩です。

夫婦で、祝いの新たな文化を作りましょう。自分たちは、このように祝いたい。自分たちの身の程に合った祝い方を早めに伝えて、双方の親に納得していただくような工夫も必要です。

海外には、「ブライダル・シャワー」「ベビー・シャワー」といった習慣があります。

結婚するときや赤ちゃんが生まれるときに、カップルが自分たちに必要なもののリストを作ります。そのリストの中から、親・きょうだい・親しい友人たちが、無理なく贈ることができるものを選んでプレゼントするというもので、とても合理的な習慣だと思います。

豪華だけれども不要な品を前にしたら、祝っていただいた気持ちに感謝する心も失せてしまいかねませんね。ベビー・シャワーには合理的な方法の中にも、相手を思い、共に祝う気持ちを純粋に、無理なく残せる工夫が施されているように思います。

保健師さんの一言にうちのめされて。

一歳半健診に行ったときの保健師さんの言葉が忘れられません。以来、すっかり育児に自信を失って……。健診と聞くだけで、気持ちが穏やかではありません。

それはつらい経験でしたね。

保健師さんも指導熱心のあまりの勇み足だったかもしれません。納得のいかないことは、怒って、そして、忘れましょう。でも、「良薬口に苦《にが》し」ということもあります。

たくさんの意見を聞いて、自分に一番参考になるものを選びましょう

健診に行って、保健師さんやお医者さんの言葉に傷ついて悲しい思いをさせられたという声が、以前はとてもよく聞かれました。

「発育が悪い」とか「発達が遅れている」と言われるだけでなく、最後に「お母さん、もっとしっかりしなさい！」と叱りつけられて、母親はどれほどつらい思いをしたことでしょう。

どんなに専門的な裏づけのある指導だとしても、それがきちんと伝わらず、ただ親を苦しめるようなことがあってよいわけはありません。こうした従来の指導方法の問題点は随分と反省が促されて、最近では細心の配慮がなされるようになりました。

むしろ、本来言うべきことも言わないという問題も指摘されているほどです。それでも、そこは保健師さんや医師も一人の人間です。心ない一言を無意識のうちにも発したりすることがないとはいえません。現にあなたも傷ついたのですものね。

ただ、その一方で、最近の若い方々は、とても繊細で、傷つきやすい傾向もあるように思います。職場でも上司がちょっと注意をすると、翌日、出社できなくなって、代わりに母親がクレームの電話をかけてくるなど、うそのような話が現実にあるようです。

自分が考えていることと違うことを言われたり、間違いや至らない点を指摘されたりすることは、たしかに愉快ではありません。でも、それが社会ではないでしょうか。

子育ては、親のあなたの価値観や方針だけが唯一絶対に正しいとは限りません。

立場や視点を異にする人に出会い、互いに思うところを率直に伝え合いながら、**子どもにとって最善の環境は何かを探すことが、親の役割**ではないかと思います。

まして保健師さんや医師は専門的な知識を持った方々です。謙虚に耳を傾けてみましょう。そのうえで、納得のいかないことを言われたとあなたが思うのであれば、他の方に意見を聞くことも大切です。

多くの見方・意見の中で、自分の子どもや自分の子育てに一番参考になると思えるものを採択し、それ以外のものは聞き流して、忘れましょう。納得のいかないことは右から左に聞き流すことも、大人の対処法の一つではないでしょうか。

よりよいものを取捨選択できるためにも、いろいろな人との出会いを大切にしていただきたいと思います。

パパと、遊ぼう。ママは遊ぼう。

「言わなくてもわかってもらえる」ことは少ないものです。夫や祖父母に、あなたが困っていることを具体的に伝え、協力してもらいましょう。すぐには変わらないかもしれませんが、いつか理解してくれると信じて、悪口は言わないこと。

Chapter

4

もっと自分を信じて

ママだけの私では嫌！私、間違っていますか？

どこに行っても、「○○ちゃんのママ」と呼ばれます。私の名前は、だれも呼んでくれない。自分がどこかに消えてしまったみたいです。

あなたの感性、とても自然です。大切にして！

母親であることは、とても素敵なことです。

でも女性として、妻として、社会人としての自分もどうか大切に。

素敵な母であるためにも、あなたは母であると共に、一人の人間であることを忘れないでください。

「この頃の私、少し変？」と悩まないで！

赤ちゃんが生まれてきてくれて、はじめてママとなったときの感動、覚えていますね。とても誇らしく、産院のスタッフの方が呼んでくださった「ママ」「お母さん」という言葉が、なんと心地よく耳に響いたことでしょう。

でも、それから月日が経ってみると、あのときの感動はどこへ？

どこに行っても、「ママ」「お母さん」の連発に、ちょっぴりうんざりすることはないでしょうか。健診のときも、子育てひろばでも、お買いもの先でも、「〇〇ちゃんのママ」「そこのお母さん」。挙句の果てに、夫までも私のことを「ママ！」。私、彼の母親ではないんだけどなぁ……。

「こんなこと思う私って、変な母親でしょうか？」「母親失格って、私のことを言うんでしょうか？」、こんなお声をよく聞きます。

どうか安心してください。あなたはけっして変な母親ではありません。むしろ、これから素敵な母親になるために、今大事なことに気づいたのです。マルチプルな自分を見つめてこそ、人は豊かに、おおらかになれます。

私たちには、いろいろな面があります。女性です。妻です。地域や職場では、社会人として行動しています。多面性を持った存在なのです。でも、いったん母親になると、周囲の人はなぜか母親としてしか見なくなります。母親であることだけを求められて、称えられて、いつしか育児に専念することだけが、自分の人生のように思いがちです。

たしかに母親であることの大切さと素晴らしさは言うまでもありません。子どもを産んで育てる営みは大変です。そこに全力を注ぐことが必要な時期もありますね。

でも、**子どものことだけを見て、育児のことだけに全力投球していれば、よい母親になれるとは限りません。**むしろ、視野が狭くなって、独りよがりのことを言ったり、したりしていても、そのことに気づきにくくなりかねません。

育児に夢中になればなるほど、わが子を自分の思いどおりにしようとしがちです。期待どおりにならないことにいら立ち、子どもを追いつめてしまうかもしれない。それでも自分がしていることは、母親の愛情だと信じて疑いません。

そうならない秘訣は、母親だけの自分から解き放たれることです。

子ども時代の自分、夫と出会ったときの自分、女性として愛され、女性として夫を愛した時間を振り返ってみましょう。職場での活躍も失敗もあったことでしょう。自分自身の得手不得手もじっくり見つめ直してみましょう。

これまでの道のりを振り返ったとき、自分を支えてくださった方への感謝の思いと共に、子どももまたいろいろな人と出会い、人生を豊かに生きてほしいと願う気持ちが、いっそう強まってくると思います。そして、母として子どもに向き合う時間の大切さも改めて見えてくるはずです。今、あなたはそうした自分のさまざまな可能性を見つめる作業をしたくなったのです。

「ママには見えない」と言われたい。

「ママだけの私は嫌」という人がいますが、
私はママに思われることも嫌です。
いつまでも若々しく、子どもなんていない
と思われたいんです。

年輪を重ねた美しさも素敵ですよ。

だれもが若々しくありたいと思うことでしょう。
でも、若々しくありたいと願うことと、若さに執着する
ことは別だと思います。

自分の年齢を堂々と言える女性でありたいと思いませんか？

年齢よりも若く思われたときの嬉しさ、その一方で、電車で席を譲られたときのショック、最近、私はこの両方をよく経験します。

若さにこだわらないで、などと偉そうなことは言えませんね。いつまでも若くありたいという気持ちは、人間だれもが持っていることを、しみじみと思うこの頃です。

若さへの思いは、とりわけ女性は強いかもしれません。女性に年齢を聞くのは失礼だというのも、こうした女性の気持ちを慮ってのことかと思います。

でも、矛盾していると思われるかもしれませんが、女性は自分の年齢を堂々と言ってもいいと思います。私はあまり隠しません。なぜなら、**これまで生きてき**

た時間があって、今の私だとも思うからです。

三十代・四十代の女性から悩み事の相談を受けるときも、この方々よりも長く生きてきた私の経験がお役に立てば、という思いでお聴きしています。

まして二人の娘たちと向き合うとき、母親であると同時に、人生の先輩でありたいといつも願ってきました。

つややかな娘たちの美しい髪にリボンを結んでやったとき、心底、娘たちの若さが愛おしく思えました。同時に、これからの生き方にあれこれ思いをはせている娘たちに、母であると同時に、学生として、研究者として、妻として、働く女性として生きてきた自分が何を伝えられるかを考えたいと自然に思えました。徐々に増えていくしわや白髪もまた、生きてきた時間の証しになれば嬉しいと思ったことを、今もよく覚えています。

夫婦の関係も、時間を重ねると共に単なる男女の関係だけではない、人生のパートナーとしてのたしかな手ごたえを感じられたら、素敵だと思います。

もちろん、いくつになっても女性としての身だしなみは大切にしたいものですね。でも、身だしなみも年齢と共に変わるものではないでしょうか。

最近、母親を対象とした雑誌を開いていて、そこに十代や二十代はじめのようなファッションやポーズをしたママモデルを見かけることが増えました。

たしかに、ママには見えません。でも、十代や二十代はじめの女性にも、見えません。三十年、ときには四十年近く重ねてきた時間の重みは、隠せないのです。隠してはもったいないとすら思います。

ただの若さとは異なる人間の美しさとは何かと考えるとき、私は澄んだ湖水を思います。水道水のように無色透明ではありません。翡翠《ひすい》のような青さをたたえながら、湖底まで見えるような透明な美しさです。

人は老いていきます。湖水のような美しさの中に母親としての時間も大切に含めていただけたらと思います。

毎日がむなしくて、出口のないトンネルをさまよっているみたいです。

私は何をしたらいいの？　何かしたい！
育児以外の何かがほしい。気持ちはあせるばかりです。

出口探しをしましょう！

出口は必ずあります。
それを見つけることを、これからのあなたの生きがいにしませんか。

気づくことは大切なこと。でも、つらいことでもあります

育児以外の何かがほしいという気持ちは、次の新たな一歩を踏み出したい自分に気づいたということです。大切な気づきに、まず乾杯！

でも、気づくことはつらいことでもあります。知らなければよかった、気づかずにいたほうが楽だったのに、という気持ちが胸に渦巻くこともあるでしょう。何事もそうですが、新たな一歩を踏み出すには、大なり小なり痛みが伴うのです。赤ちゃんとの出会いに、産みの苦しみがあったように。その苦しみを経て、愛おしいわが子に出会えましたね。

さあ、勇気をふるって、前に一歩、進みましょう！

夜明け前が一番暗い、とよくいいます。出口を探してあなたが歩いている道も、

今が一番真っ暗かもしれません。

でも、大丈夫。**明けない夜はないように、出口のないトンネルもありません。**

出口を見つけるコツだけ、ちょっと心にとめてくださいね。

まず一つは、これまでたどってきた道のりをしっかり振り返りましょう。

自分は何をしてきたのか、何が得意なのか。何をしているときが一番心躍るのか。かつて取った資格があったら、それが今、どのくらい通用するのか、何か新しいものを足す必要があるのか。こうした作業をしてみてください。

いわゆる「棚卸し」の作業です。棚にあげて忘れてしまっていたものをおろして、ほこりを払ってみましょう。

こうした作業のはじめは、少し大変かもしれません。なにしろ棚から古い荷物をおろすのですから、それなりに体力も気力も必要です。

つらいなと思ったときは、一人でがんばらないことが大切です。夫がいる方は夫に手伝ってもらってください。

「子どもたちの手が離れたら、私、何かしたいの。一緒に考えて」と水を向けてみることをおすすめします。けれども、夫から何か正しい答えを得られると期待はしないで。一緒にこれからの人生について考え、ときに悩みながら、共に歩もうとしてくれる関係を築く一歩にする心づもりが大切です。

また、最近は、女性を対象としたライフデザイン講座のようなものも各地でよく開かれています。お住まいの自治体の広報紙やホームページなどをこまめにチェックして、自分に必要な情報収集にも努めましょう。

こうした日々の積み重ねによって、いつか運命の出会いがあります。

でも、「運命の女神には前髪しかない」ということわざもあります。通り過ぎたときに気づいても、つかむ後ろ髪がないとか。

チャンスをつかむためにも、今からしっかりアンテナを張って、そのときに備えておくことが大切ではないでしょうか。

学生時代のノートを開いて愕然《がくぜん》！
もっと勉強しておけばよかった！

子育てに追われて、新聞も本もゆっくり読めない。
学生時代が懐かしい。というよりも、後悔ばかりです。

学びたいという気持ちがあなたに
わき起こった今がチャンスです。

これまでの時間があったから、今、後悔できるのです。
プラス思考でいきましょう。

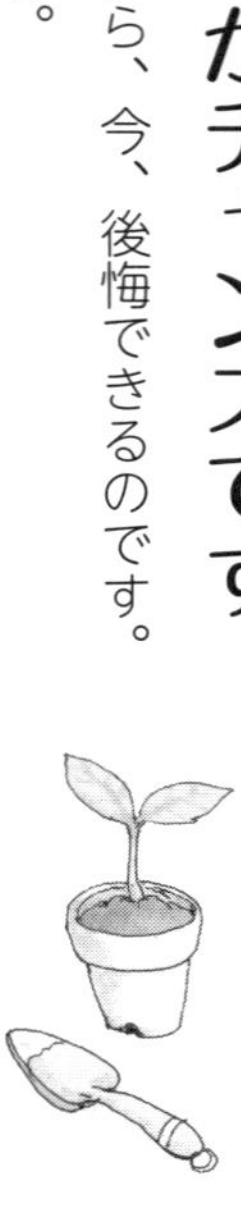

私たちの夢と希望は、「圧力なべ構造」です

十数年前の教え子から手紙が届きました。テレビで私の顔を見つけて、懐かしさのあまり手紙を書いてくれたようですが、そこには学生時代、なぜもっとまじめに勉強に励まなかったのか、と後悔の思いが綿々と綴《つづ》られていました。二人の子どもの世話に明け暮れて、気がついたら十数年。子どもたちがすくすく育ってくれたことは、とても嬉しい。「でも、今の私には何も残っていないのです」と書かれていました。

間もなく子どもたちが巣立っていくことでしょう。子どもたちの前途には限りない未来が開かれてほしいと、母として願っている。でも、そのあとに取り残された私は、もぬけの殻。夫は夫で、仕事一筋の人生。職場でも認められている。私はそんな夫からも取り残されるのではないか。こんなやりきれない思いで押入

れを整理していて、学生時代のノートを見つけたとのことでした。

なぜ学生時代にもっとまじめに勉強しておかなかったのか。ホワイトボードをおざなりに書き写していただけ。先生のメッセージの意味も深く考えなかった自分が、今となっては情けない、などと書かれていました。

そのお手紙を読みながら、私はこの方が大学を卒業してから今までに過ごしてきた時間の重みを、しみじみと思ったことでした。

私のメッセージの意味が伝わるまでに、これまでの時間が必要だったのだと。あのとき、もっと勉強しておけばよかった、と今、ほとばしるように思いつめざるを得ない。かほどにこの方のこれまでの子育ての日々に自由な時間が与えられてこなかったことが想像されます。

子どもたちが小さいときは、新聞一枚読む時間もないことがあります。そうだからこそ、勉学への意欲がわき起こるのではないか、と私は思います。**ぐっと外からふたで押さえ込むからこそ中身が沸騰する「圧力なべ構造」**です。

「もっと学生時代に学んでおけばよかったとあなたは後悔しておられますが、後悔できるには、今までの時間が必要だったのだと思います」と私はお返事を書きました。

そして、この方が真に学ぶときが、今なのです。

今を大切にしてほしいという私の願いを受け入れてくださったのでしょう。興味のある講座を見つけて、資格取得に励んでいます、と後日、嬉しいお手紙が届きました。

人生は長いです。そして、けっして無駄な時間はないと思います。無駄にするかしないかは、**気づいたときに、行動に移す勇気があるかないか**の違いではないでしょうか。

子育てに奮闘し、聞きわけのない子どもの扱いにも耐えてきた母親の皆さんです。今少しの勇気をふるってみてください。素晴らしいジャンプ力は十分に秘めておられることと思います。

私は働きたい。
でも、子どもがかわいそうでしょうか？

子どもに寂しい思いをさせてまで働くのかと言われて、心が折れそうです。

三歳児神話とのたたかいですね。

今なお、多くの母親を悩ませています。
子どものためにも、上手に、慎重に乗り越えましょう。

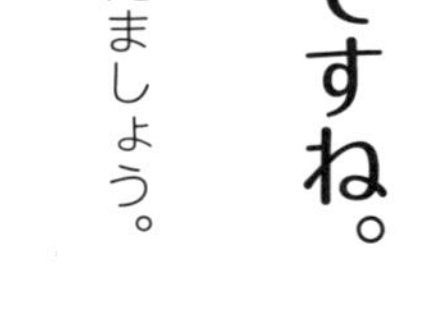

子どもを愛するからこそ、母親の心は揺れるのです

育児休業明けに職場復帰をしようとすると、祖父母や周囲の人から、「こんなに小さいときに、母親がそばにいないと子どもがかわいそう」と言われることがあるでしょう。いわゆる三歳児神話と呼ばれる考え方です。事実無根の部分の多い考え方ですが、他方で一切気にしなくていいと簡単に言えるものでもありません。母親が安心して働くためにも、慎重に検討することが必要です。

三歳児神話は、内容的には三本柱から成《な》っています。

第一は、子どもの成長にとって三歳までが非常に大切だという考え方。第二は、その大切な時期だからこそ生来的に育児の適性を持った母親が育児に専念すべきだという考え方。第三は、母親が働いたりして、この時期に育児に専念しないと、

子どもの心身の成長がゆがむという考え方です。

発達心理学の観点から考えると、第一の幼少期の大切さは否定できません。とても大切な真実です。幼少期の課題は愛を経験することだからです。**人から愛されて、子どもは他者を信ずる心を育みます。**他者から愛されて、自信を持つことができます。

第二の「母親が育児に専念しなければならない」という考え方は、修正が必要でしょう。母親の愛情の必要性は言うまでもありませんが、母親だけで子どもを育てられるものではありません。父親や祖父母、親戚や近隣の人、園での保育者など、いろいろな人から愛され、見守られて育つことも、子どもには必要です。心から子どもを愛おしく思い、子どもが育つ力を精一杯支援しようという責任感に裏づけられた人々のあたたかな思いやりに包まれてこそ、子どもは健やかに育つことができるのです。

さて、第三の柱の「小さいときの成長発達は、母親が育児に専念するか働くかによって異なるのか」。これは感情論ではなく、実証的データに基づいて多面的かつ慎重に検討することが必要だと思います。

内外の研究からわかることは、子どもの発達は単に母親の就労の有無だけでは差がみられないことです。母親が働いていても、①働く意義を母親自身が自覚し、子どもにもしっかり向き合おうとしている　②家族の理解と協力がある　③日中の保育環境が優れている　④職場環境が家庭と仕事の両立支援を行っている、などの条件が整っている場合には、子どもの発達は知的にも社会性や情緒面でも優れているという報告があります。

さて、こうして三歳児神話を検証してきましたが、自分が働くことで、子どもに寂しい思いをさせるのではないか、と揺れる気持ちは大事にしたいと私は思います。なぜなら、そうした気持ちがあるからこそ、自分自身の働き方を見直したり、母親だけではできない部分を他の人と分かち合おうとすることができるからです。何よりも、子どもを愛するからこそ、母親は揺れるのですものね。

子どもは親の背中を見て育つといいます。

忙しさに追われて、いつしか子どもとしっかり向き合っていないようです……。これでいいのでしょうか?

背中は背中にすぎませんね。

子どもは親の背中を見つめています。
でも、背中だけ向けられる寂しさに耐えているかもしれません。

真正面から子どもと向き合う気持ちも忘れずに

子育ての毎日はとても忙しいです。手がかかる盛りが過ぎたと思えば、勉強の成績やお稽古事に頭を悩ませることもあります。親は気が休まる暇もありませんね。

また最近は子育てと親の介護が同時進行という人も少なくないようです。

子どもが何かせがんできても、「待って」「あとで」が口癖にならざるを得ないこともあります。ときには、せっかくの子どもの質問に「そんな変なこと、聞かないの」などと追い払うこともあるかもしれません。

これが子育ての現状です。大変ですね。

いつも適切に関わるなんて、無理です。**よい母親でいられる日もあれば、最低**

だったとあとから頭を抱えたくなる日もあります。お天気と同じで、晴れの日もあれば、風雨に荒れる日もあります。それでいいのだと私は思います。

ただ、言いわけをしないことが大切です。もっともらしい理屈をつけて、自分の至らなさを許すことだけは、してはいけないことだと思います。

そう考えてみると、少し気になるのが、「子どもは親の背中を見て育つ」という言葉です。この言葉の真意は、子どもは親から直接言われたことよりも、親の生きる姿に学ぶという意味です。本当にそのとおりですね。心にとめて大切にしたいメッセージの一つです。

でも、ここでの親の姿とは、けっして背中ではないと私は思います。生きる姿勢のすべてではないでしょうか。いつも背中だけを見せられるのは、やはり寂しいはずです。背中だけで語ることができるのは、よほどの名優です。

名優ではない私たちは、表情豊かに、子どもと真正面から向き合うことを心がけたいものです。

こんなエピソードがあります。看護師の母親を持った女の子ですが、厳しい勤務形態で働く母親はいつも留守がちでした。一人で食卓につくことも少なくなかったそうです。いつしかそんな母親に反抗心が芽生えてしまったとか。

ある夜、母親が帰宅したとき、その女の子はタヌキ寝入りをしていました。すると母親は真っ先に彼女の部屋に来て、寝ている娘にほおずりをしながら、「ごめんね。今日も一人にさせてしまったね」とつぶやいたそうです。母親の涙をほおに受けて、その女の子は思わず抱きついたそうです。成人して、母親と同じ看護師の道を歩んだ女性の少女時代の思い出です。

親は背中を見せるときが多いことは現実です。でも、それでいいと思っているわけではない。いつもいつも「あなたを思っている」という気持ちを全身に滲《にじ》ませた背中でありたいと思います。

子離れを考えると憂鬱です。
いつまでもあどけないかわいい子でいてほしい。
子どもたちの巣立ちのときが訪れるのが怖いです。

子離れは本当に難しいです。

無理に子離れしようなどと思わないで。
命ある限り、子どもを思い続けましょう。

巣立ったあとも、見守り続けるのが子育てです

頭ではわかっていても、体や心がついていかないことがありますね。子離れがその典型例ではないかと、私は思います。

子どもはいつまでも親だけを頼ってはいません。やがて友人や学校の先生、その他、社会で出会うさまざまな人との関係を大切にしていきます。それが成長です。

私も頭では十二分に理解しているつもりでした。親だけをいつまでも頼っていてはいけない。いろいろな人との時間を大切にし、その人々を心の支えに加えてこそ、子どもはたしかな人生を歩み出せるのだと信じていました。

でも、いざ、そうなったときの寂しさは、今思い出しても胸が痛くなるほどで

す。

けっして子どもにだけ執着しないで済む生き方をしてきたつもりです。やりがいのある仕事にも恵まれていました。最愛の夫もいつも傍らにいてくれました。それでもなお、**娘の巣立ちに狼狽《ろうばい》してしまいました。**

長女の心の中に、母親の私が占める場所が少なくなっていくことが、理屈とは別に、かほどに寂しいものとは想像もしませんでした。

ときには娘に言ってはいけない言葉も口にしました。「私はお母さまの操り人形ではない！」と娘を泣かせた愚かな母でした。

一年近いたたかいが終わったとき、海外に留学した長女から一通のカードが届きました。

「私はお母さまのすべてを知りました。それでも、大好きです。心からの愛を込めて」

なりふり構わず娘に挑んだ私を、娘は大きな心で受け入れてくれたのです。完全に私の敗北でした。娘の完璧な巣立ちを知らされました。そして、思いました。子離れなんて、私には無理。無理なことはしないでおこうと。

巣立っていった子どもには羽がついています。とうてい私に追いかけることはできません。ただ、いつまでもいつまでも思い続けようと思っています。

幼い日々の娘たちも、かわいかった。でも、成人した二人の娘たちを思うとき、重ねてきた年月の重みがさらに加わって、愛おしさは何倍にも何十倍にもなっています。

皆さんの子育ての行方《ゆくえ》にも、そのようにお子さん方を深く思うときが、きっとくるはずです。

子育ては一生もの、と今にして思います。それだけに、どうか息長く、お子さんを思い続けていただけたらと願ってやみません。

〈著者プロフィール〉

大日向雅美（おおひなた・まさみ）

1950年神奈川県生まれ。恵泉女学園大学学長。お茶の水女子大学卒業、同大学院修士課程修了、東京都立大学大学院博士課程満期退学。学術博士。専門は発達心理学。70年代初頭のコインロッカー・ベビー事件を契機に、母親の育児ストレスや育児不安の研究に取り組む。2003年よりNPO法人あい・ぽーとステーション代表理事・子育てひろば「あい・ぽーと」施設長として、社会や地域で子育てを支える活動に従事。内閣府：社会保障制度改革推進会議委員、子ども・子育て会議委員、厚生労働省：社会保障審議会委員・同児童部会会長等も務める。主な著書に、『子育てと出会うとき』（NHKブックス）、『「子育て支援が親をダメにする」なんて言わせない』（岩波書店）、『「人生案内」孫は来てよし、帰ってよし』（東京堂出版）、『増補・母性愛神話の罠』（日本評論社）ほか多数。

おひさまのようなママでいて

2015年8月25日　第1刷発行
2019年6月20日　第2刷発行

著　者　大日向雅美
発行人　見城 徹
編集人　福島広司

GENTOSHA

発行所　株式会社 幻冬舎
〒151-0051　東京都渋谷区千駄ヶ谷4-9-7

電話　03(5411)6211(編集)
03(5411)6222(営業)
振替00120-8-767643
印刷・製本所　株式会社 光邦

検印廃止

ISBN978-4-344-02808-1　C0095
幻冬舎ホームページアドレス　https://www.gentosha.co.jp/

この本に関するご意見・ご感想をメールでお寄せいただく場合は、
comment@gentosha.co.jpまで。